高职院校成果导向混合式教学创新研究

高雅　著

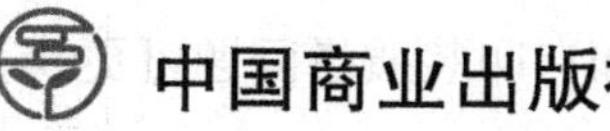

图书在版编目（CIP）数据

高职院校成果导向混合式教学创新研究 / 高雅著
. -- 北京：中国商业出版社，2023. 11
ISBN 978-7-5208-2820-8

Ⅰ. ①高… Ⅱ. ①高… Ⅲ. ①高等职业教育－教学研究 Ⅳ. ①G718. 5

中国国家版本馆 CIP 数据核字（2023）第 246792 号

责任编辑：滕　耘

中国商业出版社出版发行
（www. zgsycb. com　100053　北京广安门内报国寺 1 号）
总编室：010－63180647　编辑室：010－83118925
发行部：010－83120835/8286
新华书店经销
昌昊伟业（天津）文化传媒有限公司印刷
*
787 毫米×1092 毫米　16 开　8. 75 印张　180 千字
2023 年 11 月第 1 版　2023 年 11 月第 1 次印刷
定价：50. 00 元
* * * *
（如有印装质量问题可更换）

前　言

成果导向是一种基于学习产出的教育模式，成果导向教育理念是以学习者为中心、以学习成果为导向的教育理念，它是一种采用逆向思维的方式进行课程体系建设的先进教育理念。它在辩证吸收了人本主义理论和标准参照测验理论、目标教育理论和能力本位教育理论、精熟学习理论和行为主义理论的基础上，强调以预期学习成果为导向来组织、实施和评价教学过程。

混合式教学主要是将在线教学和传统教学的优势结合起来的一种“线上＋线下”的教学模式。其中的“混合”一词更多地表示“整合”“融合”，而非简单的“加和”。这种新型教学模式的出现是信息时代发展的必然。它有机整合了教师的“教”和学生的“学”，可以把学生的学习由浅到深地引向深度学习，是一种贴合时代发展趋势，满足高等教育、学校、教师和学生多方需求的教学模式。

本书以成果导向理念的起源与实践出发，分析了以成果导向引领高职院校混合式教学的可行性和操作方式，并从混合式教学的理论基础、混合式课程开发与设计、混合式教学的主要模式与教学设计、信息时代混合式教学创新等角度，介绍了高职院校构建成果导向混合式教学模式的要点，以期为相关研究者提供有益的参考。

本书在撰写过程中参考了大量的相关图书和资料，在此向所有专家学者表示衷心的感谢。由于作者学术水平有限、时间仓促，书中难免存在错误和不当之处，恳请广大读者批评、指正。

前言

目　录

第一章　以成果导向理念引领高职院校混合式教学

第一节　成果导向理念探源及实施

一、成果导向理念的起源与实践

从理论溯源看，埃里奥特·W. 艾斯纳（Elliot W. Eisner）于1979年最先提出“学习成果”的概念，并认为“一个人无论是有意还是无意，在他以某种形式做了一些事情后，最终都会有结果”。威廉·斯派蒂（Willaim G. Spady）为改善传统的“课程导向”教育状况，发表了具有里程碑意义的《成果导向教学管理：以社会学的视角》一文，其中探讨了学生在学校接受正规教育后应当达成的目标，并阐述了以“学习成果”为导向的教育理念。成果导向教育（Qutcome-based Education，OBE）理念的提出引发了欧美教育界和其他相关领域的关注。阿查亚（Chandrama Acharya）提出了OBE理念的实施步骤：定义学习产出—实现学习产出—评价学习产出—使用学习产出。约翰·比格斯（John Biggs）等提出了建构性配合理论，认为学科教学及评价方法有助于理想的“学习成果”的实现。

OBE理念的创立与对不同教育理论成果的辩证吸收密不可分。一是辩证地吸收了人本主义理论和标准参照测验理论。人本主义理论是产生于20世纪五六十年代的美国心理学思潮，其理论重点在于将“人性”置于心理学研究的核心地位，认为以教师为中心的教育教学模式使“知与情”相分离，难以促进人格完善。卡尔·R. 罗杰斯（Carl Ransom Rogers）于1952年首次提出“以学生为中心”的教育思想，强调教学除让学生学到知识外，还应让学生获得高阶思维能力，能在更高的认知水平上判断问题，并创造新的问题解决方式。此外，格拉泽（Robert Glaser）于1962年提出了“标准参照测验”概念，要求根据不同学生在知识储备、能力表现等方面的先在条件，评定其从不熟练到表现优异的不同等级，以此确定学生对某一知识或技能的真实掌握情况。人本主义理论坚持以学生为本，要求教学过程始终关注学生学习获得，促进学生全面发展；标准参照测验理论则排除相对性的成绩评定准则，主张因人而异，采取不同评价标准对学生的真实收获进行评价，二者与 OBE 理念所倡导的“以学生为中心”相契合。

二是辩证地吸收了目标教育理论和能力本位教育理论。根据现代教学论，课堂教学的实质是构成教育关系的两个主体，即教师与学生之间的交往过程。在该过程中，教师与学生的地位截然不同，且各自承担着不同任务。教师是教学资源的优先占有者、教学指导者和学习促进者，以及价值观的引领者；学生是知识的后知者，是教学的被指导者及学习的发现者。对“教”与“学”不同步、不协调的矛盾的关注，最早可追溯至赫伯特·斯宾塞（Herbert Spencer）建立的教育规划目标体系，强调教育应适应“为完满生活作准备”。约翰·弗里德里希·赫尔巴特（Johann Friedrich Herbart）提出教育性教学理论，强调并阐释了课程计划和教学目标在教学行为过程中发挥的引导作用。拉尔夫·泰勒（Ralph W. Tyler）深化了在教育目标中运用课程设计和教学策略的理念，他所提出的教育目标原理成为课程设计模型的重要依据。本杰明·布卢姆（Benjamin Bloom）等提出了教育目标分类理论，也为 OBE 理念的发展提供了借鉴。此外，能力本位教育理论强调，教学的落脚点是从业应具备的能力而非学历和知识，主张将职业工作所需能力具体分解为学生应具备的能力标准，要求围绕职业实际需求确定培养目标、组织课程教学、开展考核评价。目标教育理论与能力本位教育理论均强调目标确立对于教育教学的重要性，要求在教学活动中突出能力培养，强调学校与社会、理论与实践的有机联系，二者与 OBE 理念所强调的“成果导向”相契合。

三是辩证地吸收了精熟学习理论和行为主义理论。精熟学习理论认为，如果能给不同层次的学生提供充足的时间和空间且提供高品质教学，那么任何学习者都可以达到精熟程度。因此，它强调将教学历程分为设定教学目标与利用形成性评价两个阶段，要求“通过频繁的反馈和按照每个学生的需要因人而异地帮助进行改正”来完成学习目标。行为主义理论辩证吸收了刺激—反应理论，强调人类思维是与外界环境进行“刺激—反应”作用的结果。“强化”是刺激和反应之间的联结点，是程序教学的核心，通过强化才能形成最佳学习环境；通过环境的优化和对行为的强化而创造、设计、塑造和改变行为。如伯尔赫斯·弗雷德里克·斯金纳（Burrhus Frederic Skinner）所认为的，心理学所关心的是可观察到的外表的行为，而非行为的内部机制。该理论也强调采用客观实验方法，使教育聚焦可观察的行为，认为教学中对学生理想的行为要给予表彰鼓励而尽量少采用惩罚手段，从而强化正确的“反应”，消退错误的“反应”。精熟学习理论将评价内容由狭隘的最终学习成果拓展为学习历程和能力；行为主义理论则将复杂的学习任务分解为具体而可测量的任务，并基于测试任务完成情况，依据对学习成果可测量的描述和评价而制定改进措施，二者与 OBE 理念所倡导的“持续改进”相契合。

OBE 理念自提出以来，就在实践层面被广泛认可并应用于全球许多国家的教育政策之中。其运用与发展大致可分为倡导与批评、阐述与接纳、广泛应用三个阶段。

第一阶段：倡导与批评（20 世纪六七十年代）。美国政府将大量资金投入教育，加快了 OBE 理念在学校教学实践中的推进；受伊凡·彼特诺维奇·巴甫洛夫（Ivan Petrovich Pavlov）和爱德华·李·桑代克（Edward Lee Thorndike）等实验心理学家倡导的行为主义影响，OBE 理念在课程设计与研究方面转向行为目标课程模式，但并未完全将影响价值观、洞察力和判断力发展的教育过程纳入严格关注行为目标的课程模式中。

第二阶段：阐述与接纳（20 世纪 80 年代至 20 世纪末）。受威廉·斯派蒂影响，大量学者认为教育成果是决定课程的首要问题，强调在课程内容和结构、教学和学习活动、教育环境和课程评估等方面指向明确的教育成果，并试图将该理念应用于课程设计与开发中。此外，1983 年，美国高质量教育委员会发布的《国家处在危险之中：教育改革势在必行》报告指出，美国教育正“受到日益增长的庸庸碌碌的潮流的腐蚀”，引发公众对高等教育培养质量的强烈关注，各高校积极投身以“学习成果”为导向的教育改革，“学习成果”的界定成为关注热点。

第三阶段：广泛运用（21 世纪初至今）。21 世纪初的研究大多聚焦具体学科领域对“学习成果”的界定，即确定学生在完成某学科学习后所需达到的能力目标。2012 年，欧盟委员会提出“反思教育”战略，呼吁各欧盟成员国在教育教学中重视学习结果，基于不同学科对“成果”的理解，开发各具特色的课程发展模式，推动教育领域的根本变革。比如，美国工程与技术认证委员会颁布的 EC2000 双循环模式依照 OBE 理念的基本准则，“倡导工程教育的创新和改革，要求学校考虑科学技术的快速发展和新世纪的人才需求而持续地发展教育，并具有自己的创意和风格”。自重视学生“学习成果”的 EC2000 认证标准颁布以来，欧美各国工程教育认证组织纷纷将“学习成果”纳入质量认证的重要标准，并将该标准延伸至国家学位标准、高校教育目标、专业培养计划等领域。《华盛顿协议》的多数成员在高等教育领域相继认可和采用了 OBE 认证标准，将“学习成果”作为教学成果的评定依据，同时将促进“持续改进”作为专业认证的目标。2013 年 6 月，我国成为《华盛顿协议》签约成员。用成果导向教育理念引导工程教育改革，具有现实意义。当前，OBE 理念的运用在我国工程和专业认证等领域已取得长足进展，而且将其运用于教育教学领域并发挥方法论作用，也取得一定进展。

二、成果导向理念的要素及优势

OBE 理念经历了由传统型向转变型的过渡。传统型 OBE 理念，重点关注学生对知识的记忆和理解，强调学科技能和结构性表现，教学设计并未引入围绕培养目标“逆向设计”原则，学习成果呈现个别化、片段化特征。尽管传统型 OBE 理念强调聚焦“学习成果”，但课程内容与 OBE 整体框架间缺乏有机协调，难以灵活地适应课程内容以达成预期成果；同时，教学方法为学生设置的学习情境、评价方式相对僵化，偏重于对学生学业成就和学习能力的关注，缺乏对学生适应未来社会所应具有的品质的考量。基于对传统型 OBE 理念的深化，转变型 OBE 理念将学生“学习成果”作为教学活动的基础，要求整合不同学科理论知识以促进跨学科教学，主张学生应具备综合不同学科领域的高层次能力，并基于培养学生的核心能力而组织课程教学，尤其重视“学习成果”的未来取向，强调利用教育目标以及课程发展结果，通过科学评价判断学生需求，评估课程效果，从而使学习内容更加符合未来公民所应具备的知识、能力和素养要求，以此持续改进教学目标、教学内容和过程。

从 OBE 理念的要素构成来看，该理念聚焦“成果、学生、问题”三个核心要素，打破了局限于“教师教、学生学”的传统教育模式，通过直面学生学习目标，推进由“任务导向”向“成果导向”、由“以教师为中心”向“以学生为中心”的转向，并基于培养目标逆向设计课程体系与教学策略，持续性开展教学质量评价，及时获取课程教学产出数据，促进教学的持续性改进。

一是聚焦“成果”，强调课程设计和课程实施的指向是学生通过教育所取得的“学习成果”，对照人才培养目标开展课堂教学设计及实施。OBE 理念的关注点不在于学生的学业成绩，而在于学生在学习过程结束后所应知道、理解和具备的能力水平。“成果”作为 OBE 理念的逻辑起点，既包括学生头脑中的价值观念、态度和心理状态，如威廉·斯派蒂所述，包括“学习者在完成学习后所知道的、理解的和具备的能力水平，其核心是学生完成学业后可以带得走的能力”。“学习成果”并不局限于学生“相信、感觉、记得、知道、了解”等暂时表现，而是通过渐进式学习，实现“内化于心、外化于行”的分阶段达成；越是经过学生长期而广泛地实践并能真正应用于社会实际的“学习成果”，才越具有存续性。因而，应当围绕最终成果，明晰人才培养目标并逆向设计教学思路和方案，整合教育资源，提高师资水平，加强阶段性学习成果评价，使教学各环节服务于“学习成果”的达成。

二是聚焦“学生”，强调以学生为中心配置教学资源、构建课程体系并实施教学。应当始终聚焦学生毕业后所应具备的素质和能力制定教学目标，结合学生的专业背景遴选教学内容，根据学生兴趣点优选教学方法，围绕学生“学习成果”组织课堂教学，夯实学生在教学中的主体地位；教学质量评价侧重点也应由“教师教学能力”向“学生学习收获”转变，教学资源配备、学生指导与服务过程都应符合学生发展需求，促进学生素质和能力提升。

三是聚焦“问题”，强调通过教学质量评价并结合问题反馈，持续改进人才培养过程。“学习成果”需要通过教学质量评价加以衡量，OBE 理念将适应变化作为质量改进的基准点，注重教育教学的社会服务功能，将评价结果运用于课程建设和教学改革各环节，以持续改进促进人才培养质量的可持续提升。

教育理念必须不断革新以适应时代要求，OBE 理念具有传统教育理念难以比拟的优势。在传统教育理念高度重视教育“投入”的背景下，教育主体大多从宏观角度制订人才培养方案，围绕学校人才培养定位和学科发展需求，确定培养目标和培养规格，关注课程体系的自我完善和知识覆盖面；以教师为中心设计课程内容和教学环节，教师注重将教材内容固化为知识点并以课堂“灌输”形式传递给学生，忽略了学生发展需求，难以有效提升学生服务社会的实践能力。同时，教学要素和环节呈现单一指向和相对封闭的状态，要素和环节之间缺乏相互支撑，导致出现教与学“供需错配”的难题，制约了教育合力的发挥。然而，OBE 理念的关注点从“教育投入”转向“教育输出”，通过教学成果能力化，关注学生思维能力、创新能力和实践能力的培养，引导学生从掌握知识向练就实践能力转化；通过教学过程靶向化，根据社会人才需求确定培养目标和课程体系，逆向设计教学各个环节，优化教学内容和教学方法，确保产出高质量“学习成果”；通过教学评价个性化，结合学情差异制订评价方案，帮助学生从评价中获得即时反馈和改进依据；通过教学改进持续化，对“学习成果”开展科学评估，准确把握教学目标达成度，制订教学调整方案，促进教学质量的持续提升；通过教育对象主体化，关注学生满意度，及时了解学生学习收获，督促教师不断改进教学内容与教学策略，精准回应学生发展需求；通过教学环节链条化，基于“以学生为中心”制定培养目标，以课程目标、教学内容支撑培养目标和毕业要求，针对培养目标达成情况开展教学评价，构成教学要素和环节相互支撑、阐释、证明的系统链条。

三、成果导向理念的实施思路

明确 OBE 理念的实施思路及步骤是落实理念的基础。就 OBE 理念的实施思路而言，一是“清楚聚焦”。高校应清楚聚焦高等教育改革发展战略要求，明确用人单位需求，增强人才培养目标与社会人才需求的契合度，提升目标评价的合理性；教师应清楚聚焦学生完成学习之后所能达成的最终“学习成果”，科学制定教学目标，合理规划目标所蕴含的学生能力及素养，增强教学内容与“学习成果”的契合度，推动教学方法多样化，促进“学习成果”的达成；学生应清楚聚焦学习目标，对自身不同阶段的能力及素养进行自我评估和反思，及时运用评估结果改进学习过程，持续优化各阶段“学习成果”。二是“扩大机会”。传统教育局限于既定学习程序，“将学生装进了以同样速度和方式运行的‘车厢’，限制了学生成功的机会”。威廉·斯派蒂分析了机会的五个关键向度——时间、方法与模式、操作原则、绩效标准、课程实施与建构，由于并非所有学生都能在同一时间以同样的方式学习同样的内容，OBE 理念要求以“扩大机会”取代“限制机会”，为学生接触更多学习内容与展示学习成果提供平台。教师应当明确学生被赋予高期许的绩效标准，通过扩大学习机会的持续性、频繁性并确定机会发生的精准时间，加强对话教育和阐释引导，积极开展论辩式、启发式教学，并利用多种质量评价方法“弹性化”对待学习差异，从而扩大学生持续改进的机会，引导学生逐级获取“学习成果”。三是“逆向设计”。OBE 理念区别于传统教学对教学过程的“正向设计”，强调在明确学生最终“学习成果”的基础上，自上而下并逐级细化地围绕培养目标逆向设计教学环节。四是“提高期待”。OBE 理念强调应使所有学生都能达成学习目标，由此要求提升学生可接受的绩效标准，鼓励学生完成具有挑战性的目标任务，不断地增加学习难度，并帮助其排除达成学习目标的障碍。

就 OBE 理念的实施步骤，OBE 理念围绕学生预期“学习成果”这个中心策划、组织、实施和评价教育，可将其实施步骤归纳为定义“学习成果”、实现“学习成果”、评价“学习成果”、运用“学习成果”四个步骤，如图 1－1 所示。

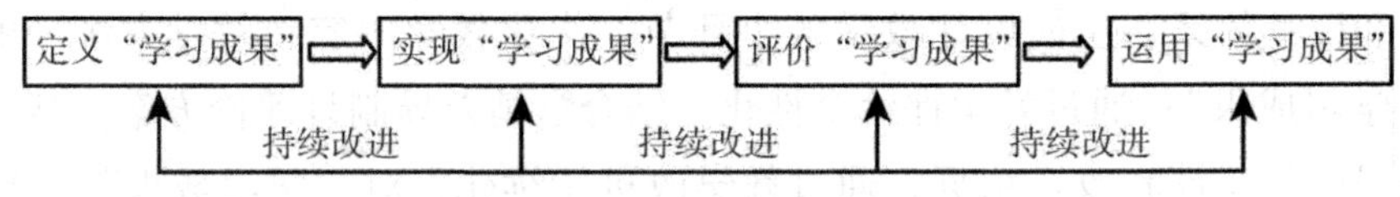

图 1－1　OBE 理念实施步骤

一是定义“学习成果”。预设、定义“学习成果”是开展课程和教学设计的首要环节，要综合考虑教师、学生、用人单位等教育利益相关者的诉求，确定科学合理、简单明晰、易于评价的“学习成果”。

二是实现“学习成果”。课程教学是学生实现“学习成果”的重要载体，要根据时代发展和人才培养规律，合理构建必修课与选修课、理论课与实践课等有机结合的课程体系，为学生实现“学习成果”提供资源保障；教师要瞄准培养目标设置课程内容、选用教学方法、创新教学模式、打造资源平台，科学实施课程教学。同时，在实现“学习成果”的过程中要充分体现“以学生为中心”的理念，结合学生性格特点和发展阶段的差异性，及时更新和完善课程内容，动态调整教学方案，为学生创设最理想的教学和学习环境。

三是评价“学习成果”。OBE 理念主张采取多元主体协同评价机制，考查“学习成果”的完成程度。要紧密围绕人才培养目标任务，强化质量监控与保障体系，建立并完善教学质量监控和质量管理的相关制度，加大日常监控力度，实时反馈监控意见，督促持续改进，实现以评促改的目的；要采用多元和梯次评价标准，既要契合学生身心发展特点，也要考虑不同学生因家庭环境、成长经历、学习能力等因素带来的个体差异，通过对学习成果开展多维度评价而掌握准确信息，帮助教师持续改进教学内容、教学方法和教学手段，提升学生兴趣度。

四是运用“学习成果”。要帮助学生实现从“习得”向“运用”的转变。教师要加强学生实践能力和探究精神的培养，通过鼓励学生参加各级各类实践活动、技能比赛等，增强学生理论联系实际的意识，提高学生在现实生活中运用“学习成果”的能力。

第二节　以成果导向理念引领混合式教学

目前高校课程供给侧结构性改革主要聚焦课程建设或教学改革的片段化环节，缺乏将课程作为整体系统加以考查的精准思维。要突破课程改革瓶颈，必须以OBE理念统摄改革各环节，聚焦“成果”“学生”“问题”三要素，为高校课程精准供给提供有力指导。

一、聚焦“成果”“学生”“问题”

（一）聚焦“成果”

OBE理念聚焦“成果”以促进课程精准供给，即强调高校课程的“成果导向”，将学生通过教育过程能够取得何种“学习成果”作为教学设计和教学实施的目标。对此，应关注四个问题：“想让学生取得何种学习成果”“为什么要让学生取得这样的学习成果”“如何有效地帮助学生取得这些学习成果”“如何知道学生已经取得这些学习成果”。这些问题既聚焦学生知识、能力和素质的培养，也破解了学生获得感有效观测的难点。“成果”的获取，呈现为学生通过课程学习而实现“知情意信行”有机统一，产生持久而良好的教学效果。

近年来，伴随高校教育环境的变化，以及学生素质的多元化发展，高校课程教学改革不断推进，教师针对课堂抬头率、点头率等问题不断调整教学内容、创新教学方式，有效激发了学生学习的积极性和创新性，提升了课堂教学吸引力。但部分高校受传统教育思维影响，教学改革仍“以点带面”，更多地集中于教学方式的改革或新媒体技术的运用，部分教学改革虽然“形式多样”“生动活泼”，但缺乏深层次价值指向。就课程改革的总体路径而言，仍侧重于“投入”或“供给”的单一维度，缺乏将教学内容、教学方式、教学手段纳入整体人才培养体系中进行统一规划的融贯思路，并由此导致一系列问题。对此，我国印发的一系列相关文件明确指出“培养什么人、怎样培养人、为谁培养人这个根本问题”，并提出相关课程目标和建设方法等具体意见，主张整体推进高校课程建设。

由此，要求遵循OBE理念“成果导向”的基本原则，以系统思维统筹高校课程教学改革。“成果”的确立是一切教育教学活动开展的前提，课程的“学习成果”作为有机系统，依据不同划分方式，可具体分为社会目标成果、群体目标成果和个体目标成果等。各类目标成果可进一步细化，如社会目标成果可具体表现为增进政治认同、增强凝聚力、促进文化传承与繁荣等不同层面；个体目标成果可具体划分为提升人的思想素质、培育人的主体意识、提升人的能力品格等不同层级。因此，课程“学习成果”的达成无法依赖单一环节，需要充分发挥各阶段、各环节的协同作用。高校传统课程教学往往过于依赖以“知识传授”为主的课堂教学模式，将“学习成果”等同于“知识目标”的达成，忽略了学生的能力培养及行为养成。而依据教育规律，学生文化素质的形成需要经历“知、情、意、信、行”五个环节，从了解到情感体验，从思考到行动，应是一个完整系统。除课堂教学外，实践活动是课程教学的重要载体，通过活动参与，受教育者可以对活动中承载的教育信息加以吸收并运用于实践，同时，提高自我认识、自我调节能力，实现教育与自我教育的有机统一。实践教学作为知识体系转化为行为体系的重要方式，理应成为课堂讲授的重要延展。此外，伴随互联网、新媒体技术的快速发展，网络教学作为新型教学方式，不仅能够突破传统课堂的时空限制，还能为课程教学提供丰富资源，满足学生个性化发展需要，并促进师生、生生的全过程交流互动。

以“成果导向”基本原则引领高校课程建设，主张将课程教学视作“立体化”有机整体，整体规划教学方案，基于整体与部分、整体与社会环境的相互联系协同开展教学，注重教学各要素、各阶段的相互协调，有助于发展整合性的课程与教学合力。同时，以学生预期“学习成果”为起点设计教学内容、教学方式、考核内容及形式，注重师生交互活动，注重学生认知与践行的统一，既能够为重组和优化课程教学内容、规范教学活动提供依据，也有利于在循序渐进中实现“成果”获取，并将其转化为学生成长动力，为学生未来发展奠定基础。

（二）聚焦“学生”

OBE理念聚焦“学生”促进课程精准供给，即强调“以学生为中心”是贯穿教育目标制定、教学活动开展、教学评价各环节的逻辑中介，主张基于社会及学生发展需要合理设定教育目标，强调学生学习满意度对其他教学要素的支配性。基于该理念，“学习成果”必须“以学生发展为中心、以学生学习为中心、以学习效果为中心”，而“成果”一旦确定，则需聚焦解决“如何促进学生取得学习成果”这一关键问题进行逆向设计，在教材规划、教学内容整合、教学方式选择上都需以“学生需求”为出发点和落脚点。教学活动实施前应充分把握学情并分析其个性化需求，教学过程中应摒弃传统的“教师中心”课堂教学模式，积极构建融洽的师生交互关系。

长期以来，高校课程教学因“灌输性”和“导向性”特征，教师坚守正确的理念方向，将进行科学世界观的“传递和灌输”作为自身职责与使命，帮助学生“吸收和接受”社会主流意识形态。为此，在课程传统教学中，“教师”“教室”“教材”通常居于主导地位，“教师本位”现象较普遍，教材内容的选取、教学过程的设计以及教学方式的选取将教师便于讲授、易于传授作为考量因素。同时，传统教学方法也多为“说理教育法”，教师在“说理教育”过程中处于绝对权威地位，学生则处于次要或从属地位。教师通常选取较直接保守的课堂讲授方式，甚至部分教师将“灌输式”教学片面等同于“注入式”教学，单向度地向学生传播与输送知识。这种单向度的教学方式，忽视了师生之间的平等交流和良性关系的构建，教师对学情研究不足，教法单一，教学过程缺乏互动，难以有效回应学生关注点，导致教学内容程式化、教育方式模式化；学生则处于被动接受状态，其主体地位和需求并未得到充分尊重，其体验和收获受到制约，从而容易产生“逆反”心理，不利于学生自觉地进行知识建构及能力转化。加之，伴随经济全球化进程的加快，信息技术快速发展，文化多元化日益突出，各种社会思潮和非主流文化的影响不断加剧，学生思想日益呈现多元化、差异化倾向，其独立和自主选择意识不断增强，个性化诉求日益增多，相较传统“你教我学”的方式，学生更加倾向于从网络媒体上自主获取知识。基于教育环境变化和作为教育对象的“人”的主体性不断增强，单纯“灌输式”教学方式亟须转型。

由此，要求遵循 OBE 理念“以学生为中心”的基本原则，积极探索“教与学”双向互动型课程教学模式。在教学理念上，应逐渐转变教师单一主体的思维方式，强调教师作为课程教学的发起者、组织者和实施者，在教学中具有主导性；同时也应承认，学生作为教学活动的接受者、参与者和评价者，既是高校课程教学的客体，也是具有主动性的主体。比如，应在课堂教学中强化学生主体地位，转变“老师教、学生听”的状态，促使双方在充分交流、对话和互动中实现观点和理念的深层次沟通，增进学生对教学内容的理解和接纳，帮助其在经由“他者”价值引导的基础上，进行亲历性学习而实现知识的自主性建构；应依据学生思想特点及所处时代背景，积极转化传统教学借助单一媒介，即借助语言或文字运用于现实物理空间的方式，积极发挥现代多媒体技术的教学优势；还应积极拓展课程主体交互“场域”，引导学生在社会实践中愉悦地加深知识体验而实现知行合一。此外，还应注重学情差异，充分考量课程目标设置、教学环节设计是否符合学生学习实际和现实需求，鼓励学生根据自身特点和学习需求拟定学习目标，通过自主学习、合作学习更好地激发个人潜能，帮助其逐级获取“学习成果”；依据学习效果的信息反馈，在改进中不断提升课程教学质量，满足学生个性化成长发展需求，更好地服务学生成长成才。

高校课程落实“以学生为中心”，尤其应当关注学生需求和素质能力培养，创设良好的教学情境。课程教学情境作为精神氛围与物质条件的统一体，是影响教学效果的重要因素。鉴于教育者和教育对象作为“社会人”的属性，其思想意识、价值观念的形成受到社会大环境的显性和隐性影响，其所关注问题也源于社会生活中客观存在的现象。因而，创设良好的教学情境，必须善用并深入社会实践，这既是构建“立体化”教学模式的需要，又是课程教学从传统“以教师为中心”向“教师主导与学生主体相统一”转变的要求。

（三）聚焦“问题”

OBE 理念聚焦“问题”促进课程精准供给，即强调高校课程建设应当基于“问题”加强质量评价和信息反馈，以评价结果作为持续改进教学质量的依据。应完善课程教学质量评价、监控与保障体系，明确“持续改进”的输入点（依据）和落脚点（对象），形成“目标制定—教学设计和实施—质量评价、监控与保障—信息反馈与持续改进”层层递进的持续改进机制；应主动适应社会需求，建立严格的学生核心素养培育、课程目标达成等评价标准，定期采集和利用产出数据，了解学生学习体验和收获，对学生“学习成果”作出评价，根据反馈结果及时优化课程建设和教学改革举措。同时，应促进课程教学管理组织机构的协调联动，持续规范教师的教学行为，确保各教学环节管理的规范性。尤其应明确的是，改进应持续伴随教学过程，应建立完备的毕业生跟踪反馈机制，确保对课程培养目标达成情况作出持续分析和反馈，依据评价结果反思改进并建立激励约束机制，在“反思—实践—改进”中确保人才培养适应经济社会发展需要和学生可持续发展需求。

二、以互联网思维结合成果导向指导混合式教学

高校课程线上线下混合式教学的应用不仅是教学形式的改变，而且是应以互联网思维为指导，促进教学理念的深层变革。互联网思维有别于线性思维的发展观，具有浸润性、关联性和兼容性等特征，强调以辅助工具实现跨界融合，通过对外赋能丰富自身内涵并提升影响力。互联网思维包含用户思维、迭代思维、跨界思维等创新型思维方式。

其一，用户思维强调以用户需求为导向，解决用户关注问题，提升用户体验。互联网时代，抓住了教育对象的注意力则掌握了信息传递的入口，只有给“灰色”的理论逻辑赋予“斑斓的外壳”，才能消弭学生对讲“大道理”的逆反心态。将用户思维运用于课程教学，有助于在形式上与学生兴趣同步，在内容上与学生生活对接，把枯燥的道理讲深讲活、以情感人。

其二，迭代思维强调基于自我完善而实现从“量变”到“质变”的跃迁，不同于约瑟夫·熊彼特（Joseph Schumpeter）提出的“破坏式创新”，而是主张以渐变的力量，不间断地在试错修补中持续完善。将迭代思维运用于课程教学，在空间维度上是“展开”特定观点或事件的“折叠”部分，分层次讲清楚其内部结构、机理、动机、运行逻辑和外部环境，使学生形成清晰认识；在时间维度上则是讲清楚观点或事件的历史缘起、发展脉络和未来走向，以史实为支撑，以当下观察为基础，以未来趋势为引领，使学生在时间轴线中形成深邃的历史认知。

其三，跨界思维强调以可操作的方法突破原有活动界限，通过跨界融合探寻新领域和新资源，开辟新平台。高校课程包含若干门主干课程，其庞杂的内容体系蕴含着大量人文社会科学和自然科学的理论知识，其中许多道理需深入探究才能得以呈现，由此要求教师具备宽口径知识面和知识跨界能力，旁征博引、条分缕析地揭示道理的底层逻辑，促进学生由“真知”向“真信”跃迁。

基于互联网思维，高校课程线上线下混合式教学必须避免流于多样化形式而忽略教学实质。为此，需要将“内容为王”的要求贯彻育人全程，灵活运用热点、焦点素材并突出教学重难点。教师可借助多种网络教学手段分析时事、推荐阅读、点评案例、探讨困惑、指导复习，在教学相长中促进全程育人。同时，网络教学课件的精细化对于增强教学内容的生动性至关重要。由于在有限时间内课件播放停留时间相对较短，制作内容“精”且形式“新”的课件对于提升混合式教学效果至关重要。教师应当加强课件内容的组织凝练，多运用图片、三维动画以及电影、视频插播等手段，直观生动地展现教学内容，并配合教师的精彩讲解，营造和谐融洽的网络课堂氛围。

三、坚持求新、求深、求实的混合式教学

（一）求新

高校课程线上线下混合式教学，应当坚持求新的教学理念。在任何领域，创新都是进步的重要推动力。面对热爱新生事物的大学生，教师唯有以创新求变的态度，积极回应学生呼声。线上线下混合式教学理念的提出及践行，正是顺应国家提倡“互联网＋”思维的理念创新。当前，大数据、云计算等技术不断翻新，慕课、雨课堂、翻转课堂、智慧课堂等不断涌现，其所带来的个性化内容选择、视觉感官体验、异步性互动交流、智能化教学管理给教学带来新的机遇和挑战。互联网已经成为舆论斗争的主战场。过不了互联网这一关，就过不了长期执政这一关。同理，要讲好课，教师必须过“互联网关”。教师作为教学主导者、设计者和示范者，应掌握混合式教学线上线下双重技术手段，善于运用信息化教学设备和网络教学资源；教学手段也应由“教”为主转变为“学”为主，综合运用小组研学、情景展示、课题研讨、课堂辩论等方式

调动学生主体性。

（二）求深

高校课程线上线下混合式教学，应当坚持求深的教学理念。一方面，教师自己需要吃透教材。教材内容是对教学目标的凝练和升华，其所折射的是国家和民族的思想与精神价值，所体现的是国家和社会人才培养的需要。为此，要求教师以强烈的问题意识深入钻研教材。教师应在把教材的每一个知识点和观点内化于心的基础上，"原汁原味"地结合原著、原文、原理而领悟真理精神。同时，还应突出重点和把握前沿。高校各门课程都有其发展史，应把握其思想价值，从对前瞻性问题的思考中启发学生学以致用。另一方面，教师需要不断提高混合式教学的技术水平。尤其是年龄较大的教师，对互联网的使用通常局限于简单上网查阅资料，很难驾驭制作课程网站等高难度操作。为此，应以专题培训增强教师混合式教学的技术能力。比如，聘请专业技术人员，定期对教师进行线上教学技术培训；定期举办专家讲座、混合式教学大赛、教学公开课、教学沙龙等；邀请专家、教学名师、获奖教师进行教学演示，加强信息技术交流；建立技术交流微信群，鼓励教师就混合式教学开展经验分享和资源共享等。

（三）求实

高校课程线上线下混合式教学，应当坚持"求实"的教学理念。教师需要将精深的专业知识落实到教学环节中，坚持理论与实际相结合，避免"教学内容娱乐化、教学案例低俗化、教学过程随意化、教学方式程式化"等情况，实现教学目标与学生关注点的统一。同时，需要密切关注教学对象的新特点。当代大学生成长于信息技术充斥生活的时代环境，其思想鲜明、个性独特、追求真理、崇尚自由，也存在知识储备碎片化、社会锻炼不足等短板。教师应当利用好电脑、智能手机、iPad 等电子产品，使用好智慧树、雨课堂等各类平台，及时发布贴合学生特点和学习兴趣的教学资源，开展好师生交流分享、网上指导、学习评价和成绩管理，实现传统的"宣讲式"教学向"体验式""沉浸式"教学转变。

四、夯实混合式教学的准备、开展、评价三阶段

（一）准备阶段

在混合式教学准备阶段，一是应构建良好的混合式教学环境。教学活动本身与环境犹如鱼和水一样有着非常密切的联系。硬件教学环境的构建需要高校加大资金投入，搭建适合混合式教学的网络环境。软件教学环境既应突出"教师学生双主体"课堂互动氛围，也应打造移动终端、云存储等一体化的虚拟教学情景，还应形成有利于师生、生生之间有效协作的平台。二是应充实特色鲜明的网络教学资源，实现教学资源共享。

学生可通过平台提供的教学视频、教学案例、课程讲义、大纲、PPT、案例、习题库和扩展书目等资源开展自主学习，也可借助平台问答模块开展师生、生生互动答疑。网络资源形式上，应结合大学生碎片化、可视化学习需求，避免冗长的理论知识讲授，以突出重难点、聚焦知识点的内容为主，比如，制作融入影视动漫、虚拟现实技术等形式的短小精悍的微课视频等。教学资源可自建，可利用“学习强国”等主流媒体资源，也可利用哔哩哔哩、快手和抖音等学生喜闻乐见的新潮资源，从中挖掘彰显主流价值观念、富有知识含量的优质素材。三是应将教材体系转化为线上线下混合式教学体系。教师应依据教学大纲，通过任务划分整合开发课程资源，实现教学过程专题化。可通过集体研讨进行任务分解归类，将教学任务按照规则落实到每位任课教师，教师及时上传课程资源、案例和视频等，将线下教学材料、实物教具模拟转化为网络教学工具，并向学生提供各章节教学资源及辅助性学习资料；还可设置趣味性、互动性强的教学情境，引导学生主动探究，增强其运用理论分析和解决现实问题的能力。

（二）开展阶段

在混合式教学开展阶段，应抓好课前、课中、课后三个环节。课前，教师应上传教学资料、分析教学对象、发布学习任务并在线答疑解惑；学生则应线上学习知识点、完成测验及作业并开展课前实践与练习。比如，可在课程微博等平台预置预习材料，帮助学生熟悉教学内容，鼓励学生开展讨论，提升课堂分析点评效率，引导学生在记忆和思考中加深知识印象。课中，教师应对学生预习情况作出反馈、组织课堂活动、讲解重点难点并开展课上答疑互动；学生则应参与话题讨论、展示学习成果、参与小组讨论。课后，教师应指导学生完成作业和其他拓展训练，组织翻转学习等；学生则应积极反馈学习收获，交流学习意见或建议等。课中环节除采用线下讲授外，在特殊时期也可采用网络直播、录播等方式，选用合适的移动教学软件进行。以教学软件“云班课”为例，签到功能可及时统计出勤情况；作业功能可便捷组织随堂和小组作业，增强学生团队合作意识；测试功能可及时开展随堂测试并记录测试数据，反馈学习效果；讨论功能可拓宽师生互动渠道，促进即时交流答疑；问卷功能可及时收集学生反馈意见和教学素材，促进持续改进；头脑风暴功能可即时组织学生答题和相互借鉴观点，并帮助教师掌握学生回答状况，选取典型回答开展点评。讲授及讨论完成后，教师还可利用课程微博等平台延伸课堂，开展一对一、一对多交流讨论。比如，可以即时共享教师对某一提问的回复，发布补充材料，激发更多学生关注，帮助学生复习巩固。

（三）评价阶段

在混合式教学评价阶段，应将定性评价与定量评价、过程性评价与终结性评价相结合。教师可利用网络试题库或教学软件的测试功能，根据学生课堂表现、参与交流讨论、社会实践等情况综合评定成绩，调动学生线上学习积极性，增强其团队协作意识、自我管理意识，及时检测并反馈效果，发挥以考促学的“指挥棒”作用。

结合混合式教学各个阶段的要求，还应在优化教学载体、实现多种教学手段有序衔接上下功夫。相关调研结果显示（见图 1－2），针对“哪些信息技术手段更能帮助你深入理解课程教学内容?”这一问题，接受调研的学生中，选择“视频、音乐等音像资料”的有 80.31%，选择“多媒体教学课件”的有 71.88%，选择“网络教学平台（超星、雨课堂、爱课堂、学堂在线等）”的有 50.58%，选择“VR 虚拟实践体验”的有 45.23%。

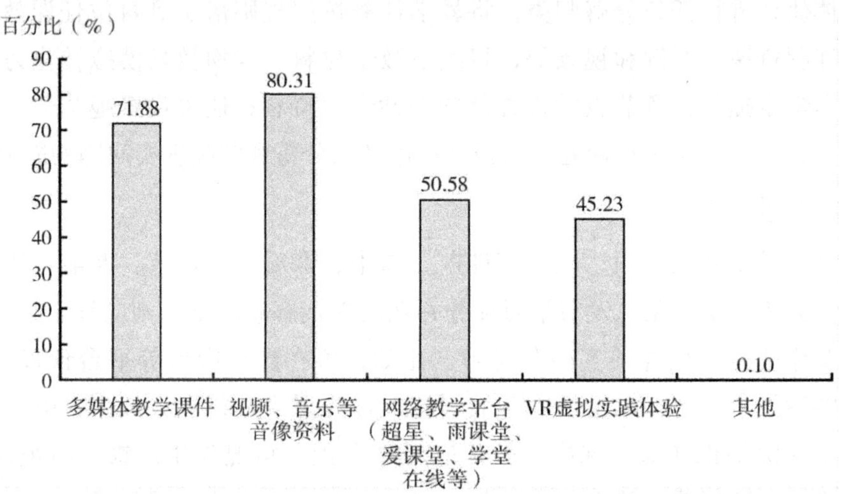

图 1－2 关于“哪些信息技术手段更能帮助你深入理解课程教学内容?”的调研结果

结合调研反馈，针对学生对信息技术手段的喜爱，应借助互联网搭载灵活多样的教育教学载体，综合运用多种教学手段，用学生喜闻乐见的形式完成知识传播、价值引领，提升学生思想境界。一是优化教学载体。应用好超星学习通、慕课网站、腾讯课堂等丰富多样的工具软件。以腾讯课堂直播教学为例，教师在视频直播的同时通过语音、文字等开展互动，现场教学还原度较高，还可完整保留各项教学数据，能为教师反思和研究教学提供宝贵资料。腾讯课堂的引入，令课中环节顺利转向网络课堂，尤其在应对公共突发卫生事件等特殊时期更彰显其效用。二是实现多种教学手段有序衔接。应处理好移动教学软件与线上课堂载体的有序衔接。在线下教学中，教师能够结合面部表情和肢体语言对课程内容进行绘声绘色的讲授，而腾讯课堂等平台虽然具有较高现场还原度，但在大班教学环境下，师生较难通过视觉沟通而产生“身临其境”之感，学生面对“冰冷”的电脑和手机，较难与教师产生情感共鸣，甚至易引发倦怠情绪。为此，教师应当结合教学内容，融合各种技术手段以保证教学前后承接、促进教学互动。比如，在腾讯课堂上，可将置于课程微博中的讨论资料及讨论情况以案例形式插入直播屏幕，教师即时点评；还可在云班课、超星学习通上开展头脑风暴、分组作业等活动，把学生活动参与情况联系教学内容加以分析，激发学生深入思考、主动参与学习。

近年来，各高校在优化混合式教学载体、丰富多元化信息技术手段上加大创新力度。以思政课为例，复旦大学党委党校创新育人载体，制作了“喜迎二十大　奋进新征程”10集系列视频微党课，并在“学习强国”平台上线，单集点击量逾10万次，并推出学习党的二十大精神的多媒体视频微课，擦亮“复旦党委党校微党课”品牌，让党的二十大精神以学生乐于接受的形式得到学习宣传贯彻。湘潭大学马克思主义学院运用虚拟现实和数媒技术，创新开发了“恰同学少年”线上虚拟仿真教学系统，打造了以“四史”为特色的360°全沉浸式虚拟仿真实验室；转化高质量“云端”资源，推出13集《恰同学少年》、50集《湘“谈”四史》、100集《“百年百地正青春”大学生思政微讲述》等特色微课，切实增强了课程的亲和力，具有广泛的启示和借鉴意义。又如，武汉职业技术学院丰富在线教学资源，植入热门、“有意义且有意思”的教学素材；设置爱国主义、道德教育等主题讨论区，鼓励学生以点赞、评论、发布短视频等方式参与学习；发挥网络平台的线上教学督导功能，对线上思政教学及课程思政进行规范管理与监督，保障网络思政教学秩序；运用5G、云计算、大数据、人工智能等信息技术，实现思政教育数字化转型，为学生提供个性化、智能化的思政教学，提升教学效率；自主开发手机运动App，为学生设置运动任务的同时定时推送彰显社会主义核心价值观的短文、故事等，实现体育思政教育的课外延伸，举办“体育专项教学成果结合红色主题教育”展示活动，在展示体育教学成果的同时让学生感受思政教育的力量；整合慕课、视频公开课等优质资源，综合运用职教云、腾讯会议等直播平台，教学过程中融入爱国主义教育的思政元素；以校企融合为抓手，联合企业专家共同开发教材，邀请企业专家开展“线上＋线下”混合式教学，企业专家通过线上线下授课，将生产实践经验以视频方式与学生分享，将企业精神、企业文化融入课程讲授，培养学生爱岗敬业精神；组织包括“听”“观”“评”三个环节的“空中”听评课活动，引导教师精心打磨教案，为在线思政教学课程开发夯实基础。这一系列优秀做法，具有较好的宣传、推广和示范价值。

第二章　混合式教学概述

第一节　学习、教学与媒介

一、学习知识的一般过程

（一）学习的内涵

关于学习的定义，一直存有许多争论，这反映了人们对学习本质或实质看法的不同。一般认为，学习是由经验引起的，个体在行为、行为潜能以及态度方面形成的相对稳定和持久的变化。要理解这个概念，我们需要把握以下三个要点。

要点一：学习表现为行为、行为潜能以及态度方面的变化。通过学习，我们的行为会发生某种变化，如从不会游泳到会游泳。当然，有些学习不会在我们的当前行为中立即表现出来，有些学习还会影响我们对待事物的态度和价值观，即改变我们的行为潜能，如爱国主义情感。

要点二：学习所引起的行为、行为潜能以及态度方面的变化是相对持久的，如学会游泳后游泳技能将终身不忘。药物、疾病、疲劳等因素也会引起行为或行为潜能的变化，但这种变化是暂时的，因此不能称为学习。

要点三：学习是由反复经验引起的。有时候个体的生理成熟或衰老也会引起行为产生持久改变，如青春期少年的嗓音变化，这是由生理成熟引起的，与经验无关，所以不能称为学习。由经验而产生的学习主要有两种：一种是正规学习，如有计划的训练或练习，学校的学习等；另一种是随机学习，因偶然的生活经历而产生，如幼儿被开水烫一次就知道开水不能触碰。

我们经常讲“学以致用”。其实，我们在学习某类知识之后有时很难直接运用它，只有经过大量的练习，才能达到实用的水平。之所以这么说，是因为有现代认知心理学的研究成果作为依据。

现代认知心理学根据知识的不同表征方式和作用，将其划分为陈述性知识与程序性知识两大部分。这两类知识的学习都要经历新知识习得阶段、知识的巩固和转化阶段以及知识的迁移和应用阶段后，才算是实现了有效的学习，或者说才实现了深度的学习。

（二）学习陈述性知识的一般过程

学习陈述性知识的第一阶段，是新信息进入短时记忆，与长时记忆中被激活的相关知识建立联系，从而实现新意义的建构。第二阶段，是把新建构的意义储存于长时记忆中，如果没有复习或进行新的学习，这些意义会随着时间的延长而被遗忘。第三阶段，则是意义的提取和运用。下面我们用宋代文学家欧阳修创作的一则写事明理的寓言故事《卖油翁》来辅助介绍学习陈述性知识的一般过程。

《卖油翁》原文如下：

陈康肃公善射，当世无双，公亦以此自矜。尝射于家圃，有卖油翁释担而立，睨之，久而不去。见其发矢十中八九，但微颔之。

康肃问曰："汝亦知射乎？吾射不亦精乎？"翁曰："无他，但手熟尔。"康肃忿然曰："尔安敢轻吾射？"翁曰："以我酌油知之。"乃取一葫芦置于地，以钱覆其口，徐以杓酌油沥之，自钱孔入，而钱不湿。因曰："我亦无他，惟手熟尔。"康肃笑而遣之。

我们现在来一起分析一下学习这篇短文的过程。一般都是教师在介绍作者、文章写作背景等内容后首先朗读一遍，然后标注出生字，再逐句地进行现代文的翻译或者解释。时间关系，我们在这里不进行逐句的解释，我们在网上找到了对文章的解释，一起来学习一下。

康肃公陈尧咨善于射箭，世上没有第二个人能跟他相媲美，他也就凭着这种本领而自夸。曾经（有一次），（他）在家里（射箭的）场地射箭，有个卖油的老翁放下担子，站在那里斜着眼睛看着他，很久都没有离开。卖油的老翁看他射十箭中了八九箭，但只是微微点点头。

陈尧咨问卖油翁："你也懂得射箭吗？我的箭法难道不是很精湛吗？"卖油的老翁说："没有别的（奥妙），不过是手法熟练罢了。"陈尧咨（听后）气愤地说："你怎么敢轻视我射箭（的本领）！"老翁说："凭我倒油（的经验）就可以懂得这个道理。"于是拿出一个葫芦放在地上，把一枚铜钱盖在葫芦口上，慢慢地用油杓舀油注入葫芦里，油从钱孔注入而钱却没有湿。于是说："我也没有别的（奥妙），只不过是手法熟练罢了。"陈尧咨笑着将他送走了。

解释完毕之后，教师会要求学生结合译文多读几遍原文，争取把文章背诵下来。如果达到了背诵的水平，这篇《卖油翁》的学习就基本结束了。

（三）学习程序性知识的一般过程

学习程序性知识的第一阶段与学习陈述性知识相同。学习程序性知识的第二阶段是通过应用规则的变式练习，使规则的陈述性形式向程序性形式转化。学习程序性知识的第三阶段是程序性知识发展的最高阶段，规则完全支配人的行为，技能达到相对自动化的程度。作为一种特殊的程序性知识的认知策略的学习也是如此，首先必须知道学习的认知策略是什么；其次通过应用有关策略，使有关学习、记忆或思维的规则支配自己的认知行为；最后能在变化的条件下顺利地应用有关规则，支配和调节自己的认知行为，达到提高学习与记忆效率的目的。下面我们用英语的一个过去时态的问题来辅助讲解。

在英语学习中，学习“将‘We go to school yesterday’改成合适的时态”，这是一种典型的程序性知识的学习（或智慧技能的学习）。学生要能顺利完成这一任务，必须知道英语中动词时态变化的规则，在这里是将动词改为过去式的规则。知道某一规则或能陈述该规则，与应用这一规则支配自己的行为并不是一回事。所以，学习程序性知识的第一阶段是学习陈述性知识。

就“英语动词一般现在时态改为一般过去时态”来说，学生通过教师讲解或阅读教材，知道了一般现在时态改为一般过去时态的规则，并能陈述这些规则（陈述性知识），再通过大量的句子变化的练习，每当看到“yesterday”“some years ago”等表示过去某时刻的词或短语时，就能立即根据规则把句子中的动词改为适当的过去式。此时相应的规则已经开始支配学生的行为，规则开始向办事的技能转化。

而熟练掌握英语的人，可以脱口说出规范的符合时态规则的英语句子，不必有意识地去考虑有关规则。这也就实现了上面所说的“自动化”。

反思我们学过的所有知识，一类是关于“是什么”的知识，另一类是关于“怎么办”的知识。这两类知识就是现代认知心理学所讲的陈述性知识和程序性知识。从上面的理论研究成果中不难发现，对于知识的学习不可能是一蹴而就的，需要经历一个由浅入深的过程。这一点对于开展混合式教学特别重要，在混合式教学过程中，我们正是按照这条基本规律进行教学设计的。

二、教学的一般规律和方法

在讨论和教学方法有关的问题时，我们经常听说“教无定法”这样一个词。的确，在教学过程中，我们会根据教学内容、目标、对象、条件甚至是教师等方面的实际情况对教学活动作出灵活调整。作为教学研究人员，我们的价值在于对教育教学现象深化认识，从而实现透过现象看本质、梳理凌乱找规律。

其实在这繁杂的表象背后，蕴含着一条关于教学的基本规律，我们认为这条规律就是陶行知先生所说的“教学合一”。陶行知先生表示，先生的责任不在教，而在于教学，在于教学生学。教的法子必须根据学的法子来做。先生不但要拿他教的法子和学生学的法子相联系，还须和他自己的学问联系起来。陶行知先生讲的“教学合一”有三层意思：第一层是指要在教学过程中落实学生的主体地位；第二层是指让教学依据学生学习的规律进行；第三层是指教师需要一边指导学生，一边研究学问。

这里的第一层意思是一种理念或者原则，强调教学这件事要让学生发挥其主体作用。毕竟教是为了学，只有学生主动参与学习，教学才会有效果。第二层意思说的是教学要依据学生学习的规律。这层意思所讲的已经不是理念或者原则的问题，而是一个科学性较强、操作性较高、要求更具体的方法。第三层意思是说教师要“学而不厌，诲人不倦”，“不是有些知识，就可以终身‘贩卖’不尽的”。这一层意思也可以理解为一种理念或原则，必须在教学过程中加以贯彻。

下面结合认知心理学的研究成果来简要介绍一下学生学习的一般规律，以及教师如何更明确地依据这些规律实施教学。

在前面我们介绍过知识学习的三个阶段，对于不同类型的知识学习，都需要经过新知识习得、知识的巩固和转化、知识的迁移和应用三个阶段，才能实现深度学习。知识从心理特征上看只有陈述性知识和程序性知识两种类型。在此我们从宏观上分别针对学习这两类知识的三个阶段对教学给出一些宏观的建议。

在新知识习得阶段，本质上就是奥苏贝尔所讲的“有意义的学习”。要想实现有意义的学习，真正习得知识的意义，即希望通过学习获得对知识所反映事物的性质规律及事物之间关联的认识，关键是要在当前所学的新概念、新知识（即“符号表示的观念”）与学习者原有认知结构中的某个方面（表象、概念或命题）之间建立起非任意的实质性联系。只要能建立起这种联系就是有意义的学习，否则就必然是死记硬背的机械学习。奥苏贝尔认为，能否建立起新旧知识之间的这种联系，是影响学习的最重要因素，是教育心理学中最基本、最核心的一条原理。正如他的代表性论著《教育心理学：认知观点》一书的扉页中用特大号字所表述的：“假如让我把全部教育心理学仅仅归结为一条原理的话，那么，我将一言以蔽之曰：影响学习的最重要因素就是学习者已经知道了什么。要探明这一点，并应据此进行教学。”与其他心理学家不同的是，奥苏贝尔明确提出“有意义的接受学习”的观点。一般认为，在这个阶段，教师通过充分联系学生已有认知结构开展讲授式教学是一个非常好的选择。

在知识的巩固和转化阶段，对于“是什么”的陈述性知识，可以综合运用复述策略、精加工策略以及组织策略设计教学活动。“复述”是指为了保持信息而对信息进行重复的过程。“精加工”是指对记忆的材料补充细节、举出例子、作出推论，或使之与其他观念形成联想，以达到长期保持的目的。“组织”是指发现部分之间的层次关系或其他关系，使之带上某种结构，以达到有效保持的目的。在复杂知识学习中，复述策略包括边看书边讲述材料，在阅读时做摘录、画线或圈出重点等。精加工策略包括释义、写概要、创造类比、用自己的话写注释、解释和自问自答等具体技术。此外，在复杂知识学习中，可以采用列课文结构提纲和画网络图的方法对材料进行组织。复述策略、精加工策略和组织策略是心理学中研究最多的三种基本的学习与记忆策略。这三种基本策略及其变式既可以在简单陈述性知识学习与保持中运用，也可以在复杂陈述性知识的学习与保持中运用。

同是在知识的巩固和转化阶段，对于“怎么办”的程序性知识是如何进行学习的呢？在现代认知心理学中，程序性知识主要指概念、规则和策略这些智慧技能。不论用何种方式教授这些内容，如果学生理解了概念、规则以及策略，并能用语言陈述同类事物的共同本质特征、一般的结论、原理以及对自身认知过程的理解等，那么仅仅表明对于智慧技能的学习达到了陈述性知识阶段。作为智慧技能的本质特征，在于它们能在不同于原先的学习情境中加以应用，而促进应用的关键就是变式练习。需要特别说明的是，认知策略是一种特殊的程序性知识。许多认知策略是学习者在学习和解决问题过程中自发习得的。支配这种自发习得的策略的规则也像支配对外办事的智慧技能的规则一样，可以通过教学传授给学生，但其教学的难度高于一般智慧技能的教学，需要的变式练习也更多。

在知识的迁移和应用阶段，对于陈述性知识，教师要设计一些能够让学生提取应用知识的机会。对于智慧技能类的程序性知识，教师应该提供一些让学生运用习得的概念和规则对外办事的机会。对于认知策略类的程序性知识，教师应该提供一些让学生运用习得的概念和规则对内调控的机会。当这些机会多到一定数量的时候，学生的学习就实现了“自动化”，也增加了创造性成果产生的可能性。

可见，我们所说的“教无定法”是针对教学活动的表象而言的，我们不能止步于这种感性认识，还应该根据学生学习的一般规律，卓有成效地设计自己的教学活动，安排教学过程，评估教学效果，在积极开展教学改革实践探索的基础上，逐渐发现“教有优法”的奥妙。

三、媒介与学习

在此，首先来了解一下媒介这个概念，然后再讨论媒介与学习之间的关系。

（一）媒介的概念

所谓媒介，在传播学意义上是指利用媒质存储和传播信息的物质工具。按美国著名传播学家施拉姆的见解：“媒介就是传播过程中，用以扩大并延伸信息传送的工具。”

媒介包括两个方面的要素：一是包容媒质所携带信息或内容的容器，如书、相片、录音磁带、电影胶片、录像带和影音光盘等；二是用以传播信息的技术设备、组织形式或社会机制，包括通信类、广播类和网络类三大部分。

（二）媒介与学习之间的关系

为了揭开这个谜题，首先需要了解一个被称为“经验之塔”的理论。美国视听教育家戴尔于 1946 年写了《视听教学法》一书，其中提出了“经验之塔”的理论，认为人的学习经验有的是以直接方式获得的，有的是以间接方式得来的。这些经验从低到高可以划分为三个层次，分别是“做的经验”“观察的经验”和“抽象的经验”。其中，在“做的经验”里可以细分为直接的有目的的经验、设计的经验和演戏的经验，在“观察的经验”里可以细分为观摩示范、野外旅行、参观展览、电视和电影、静态画面、广播和录音，在“抽象的经验”里可以细分为视觉符号和言语符号。

戴尔指出：“虽然‘经验之塔’不能完整地描述构成传播和学习过程的既错综复杂又相互联系的大量因素，但是只要正确理解和使用，它就是一个有用和实际的指南。”“塔”的各个层次的分隔仅代表那些灵活的、广泛的和不断发生作用的经验，并不意味着我们的学习经验陷入严格而死板的模式，如作为所有材料中最抽象的言语符号，在经验的各个层次上都得到使用。在各种教育经验中，戴尔特别强调视听经验的重要性，认为“在将现实的感觉事物一般化的时候，起到有力的媒介作用的就是半具体化、半抽象化的视听教材”，“由视听方法所开展的学习经验既容易转向抽象概括化，也容易转向具体实际化”。他的这种见解被誉为视听教育的基础理论之一。

这个理论有四个要点。

要点一：“塔”基的学习经验最具体，“塔”的各个层次越往上越抽象。根据不同教材和方法所提供的学习经验的具体程度将它们分类，是教师根据学生需求和能力，根据教学任务性质选择合适媒介的理论指南。

要点二：“塔”的分类基础（具体或抽象的程度）与学习的难易无关。各类学习经验是相互联系、相互渗透的，教师在教学中应充分利用各种学习途径，使学习者的直接经验与间接经验产生有机联系。

要点三：教学应从具体经验入手，逐步抽象，防止“言语主义”从概念到概念的做法。学习间接经验应尽可能地以直接经验作为充实的基础。同时，教师也要适时引导学生向抽象思维发展。

要点四：每个人的经历都受时空限制。位于“塔”腰层层的视听教学媒体能为学习者提供一种戴尔所谓的“替代经验”，有助于突破时空的限制，解决教学中具体经验和抽象经验的矛盾，弥补各种直接经验的不足。

在前面关于学习的内涵中曾提到，学习就是由于经验引发的一系列变化的过程。而戴尔的“经验之塔”理论又非常翔实地描述了与学习有关的经验。这个理论极大地丰富了我们对学习经验的认识。在学习过程中，特别是在学校学习的过程中，我们更多接受的不是直接的经验，而是间接的经验。戴尔“经验之塔”的理论启发我们，在教学过程中可以充分运用现代化的媒介手段，适当运用教学经验转换的技巧积累学生的学习经验。

接下来，了解一下关于学习“经验之塔”的最新研究——“学习金字塔”。“学习金字塔”用数字形式形象地显示了采用不同的学习方式，学习者在两周以后还能记住多少内容（平均学习保持率）。

第一种，在“塔”尖的学习方式——“听讲”，也就是教师在上面讲，学生在下面听。这种我们最熟悉、最常用的方式，学习保持率却是最低的，两周以后学习的内容只能保留 5%。

第二种，通过“阅读”的方式学到的内容，两周以后可以保留 10%。

第三种，用“声音 + 图片”的方式学习，两周以后可以保留 20%。

第四种，“示范”，采用这种学习方式，两周以后可以保留 30%。

第五种，“小组讨论”，两周以后可以保留 50% 的内容。

第六种，“做中学”或“实际演练”，两周以后可以保留 75%。

第七种，在“金字塔”基座位置的学习方式，是“教别人”或者“马上应用”，两周以后可以保留 90% 的学习内容。

“学习金字塔”提出：学习保持率在 30% 以下的几种传统方式，都是个人学习或被动学习；而学习效果在 50% 以上的，都是团队学习、主动学习和参与式学习。尽管在研究文献中，检验学习效果的时间间隔有所不同，但是大家所得到的结论都是相似的，都体现出了上面的整体趋势。需要特别说明的是，上面的百分比所表示的是一个概数，并不是所有材料的学习都会达到这么精确的结论。

从某种角度上说，学习“经验之塔”从侧面佐证了学习过程是信息加工的过程，信息加工的深度会影响学习的效果。“学习金字塔”的研究已经突破了媒介与学习经验的视角，开始研究不同的学习途径或者方法与学习经验的关系。这些对我们开展混合式教学资源的开发和混合式教学活动的设计具有直接的指导意义。

四、媒介与教学

任何教育活动都是在一定时间和空间内完成的。教育活动包括教育者、受教育者、教育内容和教育手段四个要素。这四个要素在教育活动中相互作用、相互联系、相互影响。其中，教育手段是指教育者为达到一定教育目的所采用的活动方式和方法的总称，是影响或者改造教学时空的主要要素。它包括物质手段和精神手段两类。物质手段主要是进行教育时所需要的一切物质条件，可分为教育的活动场所与设施、教育媒体及教育辅助手段三大类。精神手段包括教育方法和教育途径。在此我们重点讨论教育媒体的广泛运用所引发的教育方法和组织形式的革命性变化，分析它们是如何重新构造教学活动的时间和空间的。

在教育领域，教育媒体技术的更替曾经塑造了三个代际的教育形态。这就是我们经常听到的远程教育。至今，远程教育已历经三代。第一代是函授教育，第二代是广播电视教育，第三代被称为现代远程教育。这三代远程教育分别是以代表性的媒体技术在教育教学中的广泛应用为主要特征的。第一代信息技术以印刷技术和邮件通信技术应用为主，对应函授教育；第二代信息技术以大众媒介和视听技术应用为主，对应多媒体教学的开放式远程教育；第三代信息技术以电子信息通信技术应用为主，以多媒体计算机和互联网为主要代表，对应网络远程教育。

从远程教育的实践中，我们很容易看出媒介对教学时空的塑造功能。远程教育只是教育的一种形态，而且还不是主要形态。至今，传统式的学校教育仍然是教育的主流。现代信息技术的发展，引发了教学媒体技术的不断变革，也促进了教学时空的改造，最终构造出来一个现实空间和一个虚拟的网络空间（有人也称为赛博空间）。相对于传统教学时空的严格统一性而言，现代的教学活动可以在这双重的空间中无缝、随意地穿梭，让教学活动设计更加多元化、学习体验更加丰富、教学效果更加显著。

正如前面讲的，教学活动总是需要在一定的时间和空间内进行。对于个体的学习同样如此，个体完成任何学习也要依托一定的时间和空间。只有教学空间和学习空间的交集具有足够的重合度，才能让学习者的学习更深入，从而让教学更加具有实际性。如果教师只关注自己创造的教学时空，那是无法有效地实现教学目标的。因为教的目的是学，如果学习者学的效果不好，再多的教也是徒劳无功的。

传统面对面教学中的教学时空是一致的，远程教育中的教学时空是分离的。但是真正有效的教学时空应该是融合的。完全的面对面教学，特别是班级授课制中的面对面教学，很难对绝大部分的个性化学习作出适应。而完全时空分离的教学又疏远了人与人之间的社会性感受，在教师和学生、学生和学生之间的教学互动上就表现得差强人意了，因而难以保证教学的效果。

随着移动通信技术的成熟和智能终端设备的普及，任何人在任何时间、任何地点都可以接入网络，在虚拟的网络空间中获取各种学习资源。当然，这些优势也可以应用到我们传统面对面的教学时空中。这就为我们开展混合式教学提供了现实基础。在混合式教学中，即使是在固定的教室内开展教学活动，我们同样可以在虚拟的网络空间中获取不同时间和空间内的教学资源。即使教师和学生不在同一个地域，我们同样可以通过虚拟的网络空间实现教学时空的一致性。正是因为这种灵活性，才让个性化教学得以实现，也正是这种灵活性才能让深度学习普遍地、经常地得以发生。媒介在表面上是重塑了教学时空，在本质上是让教和学变得更加智慧。

第二节　混合式教学的起源与发展

一、混合式教学的起源

混合式教学（Blended Learning）的概念始于企业人力资源培训领域，旨在解决传统面授教学在时间和空间上的限制，如学员规模小、时效性差、培训成本高等。一些国际大公司，如IBM、波音公司等自20世纪60年代起就开始尝试借助传播技术手段突破上述限制，面向几百甚至上千名员工进行培训。传播技术在不断创新，包括起初的大型计算机、小型计算机，70年代的电视媒体，80年代的CD-ROM光盘，直到21世纪基于互联网的各种传播方式，混合式教学的发展目标依然如初，即突破培训师的人力局限，达到培训效益最大化。企业员工培训目标直接指向岗位能力和工作绩效的提升，面授教学对工作技能的训练以及企业文化的传承起到不可或缺的作用，因此将基于技术的学习与面对面教学的优势有机结合，是企业人力资源培训不断探索的结果，也是混合式教学概念的缘起。

随着信息技术的发展，20世纪90年代基于网络的e-learning逐渐增多，面对面学习与e-learning环境所使用的媒体、方法以及需要满足的对象需求不同，此阶段两种学习方式很大程度上处于分离状态。传统面对面学习发生在以教师为中心的环境中，是人与人的同步现场交互；e-learning发生在自定步调学习的环境中，是人与资源的交互，人与人之间远程交互。但在e-learning方式为学习者提供更加丰富的技术环境、更加便捷的资源获取方式的同时，其约束力弱、即时交互体验感差的弱点也显露出来，人们意识到学生在不受监督的纯网络环境下难以独立地完成学习任务。2000年，美国教育部向国会提交的《教育技术白皮书》中指出：e-learning能够更好地实现某些教育目标，但是不能代替传统的课堂教学；e-learning不会取代学校教育，但是会极大地改变课堂教学的目的和功能。这两个观点体现出传统的面授教学和e-learning各有优劣，在一定程度上可以实现优势互补。2001年，美国培训与发展协会的报告表明，仍有80%的企业培训采用传统面授的形式，e-learning的发展没有达到预期设想。该报告显示，e-learning的发展逐渐陷入低潮，研究者开始总结和反思e-learning的实践经验，传统面授教学与e-learning相结合的混合式教学逐渐受到人们的关注。

基于互联网的传播技术的发展使得在线同步交互像面对面环境一样真实，e-learning技术的广泛应用很大程度加快了计算机支持的教学元素与传统学习经验的整合。由此，更有效、更灵活的混合式教学方式被教育领域的相关学者与实践者应用于教学当中，“混合式教学”被作为专有名词提出。此时的混合式教学更多地被视为纯面授教学与纯在线教学之间的过渡态，被看作是二者基于信息技术的简单结合，是通过信息技术将部分传统课堂教学“搬家”到网上，或作为“补充”的课外延伸部分。之后，人们对于混合式教学的认识也在逐渐发生转变。混合式教学逐渐被理解为一种改进课堂教学、提升学习效果的教学形态，越来越多的研究者认识到“混合”一词表示“整合”“融合”等更加深刻丰富的内涵，而非简单的“加和”。

当前，信息技术融入教育教学更加深入，尤其自2020年起，全国各级各类学校开启了大规模的线上教学，结合虚拟环境教学与实体环境教学双方优势的混合式教学日益受到重视，并在教学实践中得到广泛应用，混合式教学成为普通高校和职业院校教育教学新常态已达成共识。

二、混合式教学发展的历史观

依据马克思主义的观点，任何社会均由生产力与生产关系、经济基础与上层建筑构成基本框架。教育作为一项社会活动，属于上层建筑，必然受到当时社会生产力尤其是科技进步的影响。影响教育教学形态的最重要科技就是传播技术，它的每次颠覆性发展都深刻改变教育教学。从不同社会传播技术对教育发展的影响来看，混合式教学的出现具有其历史必然性。

（一）原始社会

原始社会的教育与生活、劳动相结合，主要传播技术是肢体语言，其使命是维持人们的群体生存，没有正式教育与非正式教育之分，形成了朴素的泛在教育的形态，具有个别化知识传授的特征。

（二）农业社会

农业社会是以农业生产为主导经济的社会，所形成的农耕文明是人类历史上第一种文明形态。原始农业和原始畜牧业、古人类的定居生活等的发展，使人类从食物的采集者变为食物的生产者，实现了第一次生产力的飞跃。农业社会的教育主要采用的传播技术是口耳相传及手工编纂的书籍，由于社会需求的不同，形成了正式教育与非正式教育的区别。农业社会正式教育的主要目的是培养统治阶级所需要的精英人才，形成了官学与私塾的形态，采用集中或分散的方式，教学组织形式以个性化教学为主，没有严格的班级及学年区分。农业社会的非正式教育主要以劳动技能的培养为主，采用农耕情境学习、师徒传帮带等方式。

（三）工业社会

工业社会是在农业社会长久积累的物质和精神财富的基础上演变而来的，是对农业社会的超越，形成了以工业化为重要标志、机械化大生产占据主导地位的工业文明状态。工业社会的教育所采用的传播技术除了口手相传，还包括批量印刷的书籍以及初步的计算机技术。工业社会由于需要大批量的标准化人才，其正式教育由面向精英转向大众，并由此产生了标准化、规模化的学校、学年、班级、课程等概念，以班级授课为主要形式。非正式教育的内容则由农业社会的劳动技能变为工作技能，教学的方式由农耕情境变为工厂情境下的师徒“传帮带”等。

（四）信息社会

信息社会以电子信息技术为基础、信息资源为基本发展资源、信息服务性产业为基本社会产业、数字化和网络化为基本社会交往方式。在信息社会，信息成为重要的生产力要素，和物质、能量一起构成社会赖以生存的三大资源。依据不同信息技术在教育领域的应用，可将信息社会的教育发展分为两个阶段。

一是混合式教育阶段，即多媒体技术及互联网技术广泛应用于教育。正式教育从工业社会的大众化变为普及化，同时“以学习者为中心”使得正式教育除了保留规模化的特征外，还具有个性化的特征。教学方式从工业社会的纯面授班级授课，变为有计划的面授教学和灵活的信息化教学的结合，具有实体物理空间和虚拟网络空间相融合的混合式教育形态。

二是泛在学习阶段。该阶段将云计算、物联网、人工智能、生物计算机技术等新一代信息技术广泛应用于教育。由于物理空间和虚拟空间的深度融合，教育真正满足“人人、时时、处处、事事”的学习需求，使得正式教育与非正式教育无缝融合，从而满足学习者个性化、终身化的学习需求。

回顾教育发展的历史可以看出，技术进步特别是传播科技的进步不断促进人类学习与教育发展，信息社会对工业社会构建的教育体系具有革命性影响，变革是历史的必然，院校教育教学改革进入混合式教学新常态，学习方式迈向泛在学习新生态。

三、混合式教学发展的技术观

学习是因学习者的经验及与世界的相互作用而导致的。① 据此，学习的过程可分为三个阶段：在第一阶段，知识从知识源传递到学习者的大脑中，属于外部知识传播阶段；在第二阶段，知识在大脑中进行处理，属于学习者对知识的反馈阶段；在第三阶段，学习者将学习的结果反馈给知识源，属于内部认知阶段（见图2－1）。第一阶段和第三阶段就是学习者与世界的相互作用，表现形式就是知识在学习者大脑外部的传播

① M. P. 德里斯科尔．学习心理学：面向教学的取向［M］．王小明，译．3版．上海：华东师范大学出版社，2007：9.

过程，因此可以根据外部知识传播时采用的媒体技术的不同对教学进行相应的区分。

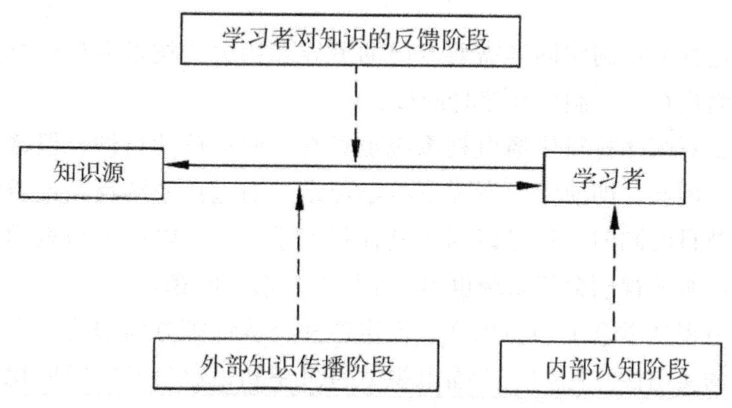

图2－1　学习过程的三个阶段

从技术的角度来看，混合式教学强调信息技术深度融入教学，其随着技术特别是传播技术、媒体技术的不断创新也在不断变化。每一种新的媒体和传播技术出现后就增加了一种信息传播的方式，形成了一种新的教学系统，从而对教学产生深刻影响。

（一）视听媒体技术与视听教学系统

视听媒体技术的典型代表是投影机与电影，其对构建视听教学系统的影响体现在以下几个方面。

第一，动态的音像特性使得视听教学系统具有教学内容播放的趣味性，并使学习者产生新奇的体验。如何产生有效的视觉和听觉传达效果依赖于电影技术的发展，电影技术也就成为这类教学系统的一个重要技术基础。

第二，视听媒体材料的制作需要复杂的影像制作知识和技能，而且专业设备都很昂贵，需要专门的电影编导和相关的技术人员来主导制作过程，由此影响了教学者对教学信息传递过程的掌控。

第三，视听媒体材料的独立制作和视听媒体系统单向播放的特性使得学习者无法将学习结果通过系统反馈给教学者，因此，视听教学系统常常作为辅助教学媒体在课堂上使用，在构建这类教学系统时，还需要考虑视听媒体材料教学应用的模式和方法。

第四，视听媒体技术系统易用性、稳定性和经济性等方面的因素影响了视听教学系统的实用性。

（二）大众传播媒体技术与视听传播教学系统

大众传播媒体技术主要是无线电广播与电视，其对构建视听传播教学系统的影响体现在以下几个方面。

第一，广播电视这类大众传播媒体的技术特征是声像传播能够覆盖广大区域，它使视听传播教学系统在保留视听教学系统音像趣味性和新奇体验的同时，对教学内容的传送变得更加便利和经济。视觉或听觉传达技术和广播电视技术同时成为这类系统的技术基础。

第二，广播电视节目制作同样需要专门的编导和相关的技术人员进行支持，教学者无法对教学材料进行自主制作和随时调整。

第三，虽然视听媒体材料广播电视系统也具有单向播放的特性，但这类系统具有实况转播的能力，因此，即使学习者无法将学习结果通过该系统反馈给教学者，他们在观看直播教学节目的同时，还可以通过其他技术手段，如电话等与教学者进行实时互动。后来发展起来的视频会议系统也解决了实时反馈的问题。

第四，广播电视技术系统的易用性、稳定性和经济性等方面的优势大大增强了视听传播教学系统的实用性。比如，广播电视节目录制和播放设备的家庭化大大推动了这类系统的日常教学应用。又如，在互联网和移动通信网络广泛应用的今天，广播电台还是以其便利性、易接近性和经济性仍然在信息传播中占有不可替代的位置。

（三）计算机与个别化教学系统

不同于其他技术，计算机最早并非用于教学，20 世纪 20 年代中期出现的教学机器是专门为了教学而产生的，被称为“教学机器运动”，由此产生了程序化、个别化教学系统。随着技术的发展，个别化教学系统从机械的、电动机械的系统发展到完全数字化的计算机系统。计算机对构建个别化教学系统的影响体现在以下几个方面。

第一，计算机能够存储并处理文字、图形图像、音频、视频、动画等多媒体信息。但是处理的技术方式与传统的广播电视不同，因此，计算机多媒体技术成为这类系统的技术基础之一。

第二，计算机教学软件需要专门的计算机技术人员和教学设计人员进行合作开发，计算机硬件和软件技术成为这类系统的另一个技术基础。与广播电视节目和视听媒体材料制作相比，计算机软件的设计要复杂得多。

第三，计算机软件系统具有人机交互的功能，学习者能够在学习的同时将结果即时反馈给教学系统，因此，基于计算机的个别化学习系统可以作为独立的知识源，在没有教学者的情况下给学习者“教授”知识并及时评价学习者的学习效果。由于个人计算机之间的独立性，教学软件都是在每个学习者的计算机中运行，因此，教学者无法在自己的计算机中获得学习者的学习情况，也无法通过系统及时指导学习者的学习活动。学习者之间也无法通过系统进行互动和共享。

第四，随着个人计算机的日益普及，基于计算机的个别化学习系统发展为计算机辅助教学，个人计算机各种价廉的外部存储设备也使得教学软件的传播更加方便和经济，大大增强了这类系统的实用性。

（四）计算机互联网与数字化学习环境

与计算机个别化教学系统相比，互联网数字化学习环境多了一个将学习者和教学者的个人计算机连在一起的互联网。互联网将信息处理能力极强的计算机连在一起，既具备了教学内容多媒体展示的能力，又具备了程序化教学的自主交互能力，还具备了大众传播媒体跨地域的信息传播能力，因而在教学中已经成为主流的技术设施。

Web 2.0 技术和移动通信设备的发展导致互联网的技术架构、应用模式发生了巨大的变化，网络用户具有同等的权限使得每个个体可以同时具有学习者和教学者的角色，也使得这类教学系统成为名副其实的数字化学习环境。在这个环境中，学习者不仅可以获得丰富的学习资源，更重要的是能够进行人际的广泛交流。另外，移动网络和移动终端的普及应用使得基于互联网的教学系统和人（学习者和教学者）的信息传播方法日益丰富与多样化。人机界面涉及的技术也趋向多样化、复杂化。

计算机互联网及移动技术对构建数字化学习环境的影响体现在以下几个方面。

第一，计算机互联网和移动网络同样能够存储并处理文字、图形图像、音频、视频、动画等多媒体信息，但是由于网络带宽的限制，在多媒体呈现的方式选择方面要考虑这种技术的特性。计算机互联网、移动网络及其软件技术成为这类系统的重要技术基础。

第二，社交软件使得网上资源传递和信息交流自主化、个人化，每个学习者都可以发布学习资源和学习感想，与他人随时交流。但是具有特定教学功能的网络教学软件依然需要专业人员进行设计和开发。

第三，计算机互联网不仅支持人机交互，更重要的是支持人际交流，由此形成的基于互联网的数字化学习环境中存在众多知识源，这些知识源有可能存在于互联网浩瀚的信息海洋之中，也可能存在于“地球村”的茫茫人海之中。学习者能够通过这个数字化学习环境将学习结果立即反馈到系统中，也可以作为教学者对其他学习者的学习结果进行再反馈。

第四，随着个人计算机尤其是移动终端的日益普及，对校园内和校园外学习、终身学习和生活中不同形式学习的整合进行了全方位的支持。

第三节　混合式教学的要点

一、混合式教学的特征

一个完整的混合式教学应该包含以下六个方面的特征。

（一）是“线上＋线下”

这里是指混合式教学，包含线上教学和线下教学两种形式，既要有学生线上的自主学习，也要有师生面对面的线下学习。

同时，此处所指的“混合”限制在“线上＋线下”两种教学手段的组合上，而不是其他方面的混合。因为当前有的人把不同教学模式、不同教学方法、不同教学手段甚至是不同教学理念的混合式都界定为混合式教学，这种界定对于指导教学实践意义不大，在这样的语境下很难找到不是“混合式教学”的教学实践。

（二）线上教学是必备活动

这里强调“必备”就是为了说明混合式教学中的线上教学部分不是可有可无，也不是锦上添花，而是必备的核心教学活动。如果脱离线上教学部分还能继续进行的教学，就不是我们所说的混合式教学。

（三）线下是线上的延续

这里特别强调了“延续”一词，就是为了说明混合式教学的线上和线下两部分教学不是彼此分离的，而是有机统一的。线上部分的学习是线下部分学习的基础和前提，线下部分是线上学习的延续和提升。如果线上和线下两部分的学习彼此独立，各行其是，同样不是我们所说的混合式教学。

（四）重构传统课堂教学

因为有了线上部分的存在，教学的时间和空间都可以实现分离，教师的“教”和学生的“学”可以不在同一时间发生，也可以不在同一空间进行。有了这个技术优势，传统的课堂教学活动一定会被重新建构。

（五）没有统一的模式

在此所理解的混合式教学不是模式统一的教学，而是一种允许在“线上＋线下”的大框架下进行创新组合的教学。当然，就目前来看，翻转课堂教学模式是混合式教学的最佳实践形式之一。但我们不认为翻转课堂教学模式是混合式教学唯一的模式。

（六）要进行经常性的教学过程评估

无论是在线上自主学习还是线下的合作学习，应伴随经常性的教学过程评估，并且依据评估的结论决定接下来的教学活动。每一个教学环节都不是机械地进行，而是步步为营地开展，前一个环节没有实现预期教学效果就绝不着急进入下一个教学环节。

如果一种教学形式具备了上述六个方面的内涵或者特征，基本就符合了混合式教学的要点。

二、混合式教学的目标取向

20 世纪美国教育心理学家布鲁姆带领一支上百人的心理学家团队，历时十年对教学的目标开展了卓有成效的研究，并最终形成了认知领域、情感领域以及动作技能领域的教学目标分类。在认知领域，他们把教学目标从整体上由低到高划分为六个不同层级，这个分类在世纪之交被重新修订之后变成了记忆、理解、应用、分析、评价和创造。其中，前面三个层级的目标可以认为是初级认知目标，后面三个目标可以认为是高级认知目标。

在传统的教学中，我们主要使用师生面对面的讲授式教学。相对于让学习者自己探索所有学科的基本知识和基本原理而言，面对面的讲授式教学在当前教学环境中依然是一个非常好的选择。有意义的接受学习表现在教学方法上就是讲授式教学，讲授式教学不仅没有过时，还将在当前信息化教学环境中焕发新的光彩。然而我们也应意识到，虽然这种教学对于实现初级认知目标是有益的，但是在高级认知目标的达成方面就先天不足了。

在此主张的混合式教学，是把初级认知目标的达成放在线上完成，让学生通过自主学习教师的讲授视频或者指导材料，根据自身的实际情况安排学习节奏，保证让大部分的学生都可以对基本知识达到掌握的水平，从而带着坚实的基础来到教室，再与教师和同学一起通过案例分析、作品创作、角色扮演和调查研究等多样化的教学活动，实现对所学知识的融会贯通、灵活应用，进而达到高级认知目标。

上面从教学的视角讨论了教学目标的达成问题。从学习的角度来看，混合式教学的价值取向就是引导学生由浅层学习有序提升为深度学习。

综上可知，从外在的表现形式上看，混合式教学是一种“线上＋线下”的教学；从内涵特征上看，混合式教学是以深度学习为教学目标，以创造个性化的教学时空为基本途径，以丰富的线上教学资源为基础和前提，以灵活多样的线下学习活动为拓展延伸的载体，以质、量相结合的评估为教学进程决策手段的一种新型的信息化教学。

三、混合式教学的策略

混合式教学不拘泥于某一种固定的教学模式，而是鼓励实践者根据自身情况变通甚至是创造。以下四条基本策略供教师参考。

（一）“线上有资源”

混合式教学的主要学习资源是发布到线上的，特别是教学的短视频、及时开展评估用的小测试以及其他多种媒体资源。正是因为这些资源的存在，才能保证学习者对基本知识的完整掌握。

对于资源建设，实事求是地讲，线上教学资源特别是微视频教学资源的开发是有一定难度的，如果可以通过适当的途径，合理、合法地使用已有的资源，不失为一种有效的做法。

如果没有办法找到现成的、可用的教学资源，就只能自主开发。这种开发也分为两种。一种是先寻求主管部门的资助，再与在线开发课程运营商合作开发课程。这种方法效率高，质量有保障，而且后期的维护、运行、推广等都比较容易实现。另一种就是“自己动手，丰衣足食”，自主学习一些简单实用的微课开发工具软件，自编、自导、自演。没有证据表明专业公司开发的教学视频比任课教师自行开发的教学视频能够产生更好的学习效果。相反，有实践研究表明，相比引用教学视频，学生更喜欢自己老师开发的视频教学资源。

对于微视频教学资源的开发，需要特别说明一下：这里的微视频教学资源是用来服务教学的，在开发的时候一定要遵循多媒体学习的一般认知规律，否则开发所得的资源脱离实际，将无法应用于实际数学中。

（二）“线下有活动”

在线下，经过教师的查缺补漏、重点突破之后，剩下的就是以精心设计的课堂教学活动为载体，组织学生把在线学到的基础知识进行巩固与灵活应用。让师生之间的见面用来实现一些更加高层级的教学目标，让学生有更多的机会在认知层面参与学习，而不只是关注学生是否坐在教室里。

（三）“过程有评估”

无论是线上还是线下都需要给予学生及时的学习反馈，基于在线教学平台或者其他小程序开展一些在线小测试是反馈学生学习效果的重要手段。通过这些反馈，让教学互动更加具有针对性，不但让学生学得明明白白，也让教师教得明明白白。如果把这些小测试的结果作为过程性评价的重要依据，这些测试活动还会具有学习激励的功能。学习既要关注过程，也要关注结果，甚至应该对过程给予更多的关注，毕竟扎扎实实的过程才是最可靠的评价依据。

（四）“互动有实效”

为什么混合式教学中需要互动？首先，没有互动就是一种单向的传播方式，这种方式可能“有去无回”，没有反馈和调节。这种方式下的知识传播效果是要“看运气”的，不可控也不高效。教学互动的直接价值是获得反馈信息，进而调节下一步的教学活动。其次，同一个客观事实在不同认识主体的心里具有不同的表征方式，这一点和认识主体具有不同的背景经验有直接关系。对于教学活动而言，不同的认识主体可能是教师和学生，也可能是学生和学生。为了实现同一客观事实在不同认识主体心里具有相对一致的表征，最根本的办法就是通过社会性的互动协商。教学互动的深层价值即认识统一和完善。因此，教学互动的本质就在于通过诊断式的互动手段，调整教学活动，最终实现认识的统一和完善。

认知层面上的互动，仅可能发生在不同认识主体之间，所以教学互动的类型只有师生互动和生生互动。而互动的具体形态则千变万化，只要存在信息互通就是互动，如提问、讨论、辩论、调查、测试等。

对于教学互动，有以下四条策略。

一是及时互动，表现为经常性地开展互动，及时获取教学状态信息，进而调整教学走向。

二是指向性策略，不要漫无目的地开展互动，每一次互动都要有明确的目标，互动的所有手段都是为了实现目标。

三是深刻，让互动超越具体的形式，真正地发生在认知层面，从而保证互动的效果。

四是多样，综合采用提问、讨论、辩论、调查、测试等多种互动形式，增加互动的趣味性和实用性。

在教学过程中没有互动不行，有了互动但不是实质性的互动同样不行。

比如，有的教师在教学过程中采用了提问的互动形式，但是仔细观察会发现，这些提问无关“启发”，要么自问自答，要么无问而问。此时虽有提问，但没有认知层面的互动，因而也是假互动。

又如，有的教师在教学过程中常常开展一些采用讨论、辩论、调查、测试等方式的教学互动，但是这些互动的内容和教学目标相关度不高。此时虽然有讨论、辩论、调查、测试，但是对教学目标的实现没有建设性，因而同样可以归为“假互动”之列。

再如，有时教师在课堂中设计的研讨问题过于结构化，开放性不足，不适合作为讨论的选题，那么此时虽有讨论，但也不能算作有效的生生互动。

凡此种种，在此不再一一列举。

如果从教学互动的本质上来考察，我们就会非常容易地鉴别出哪些互动是真互动，哪些互动是假互动。

第三章　混合式课程开发与设计

混合式教学是一个复杂的系统，也是一个动态的实施过程，混合式课程开发是其中的一个重要环节。混合式课程开发从目标确定到教学内容的组织、教学资源的建设、课程实施的过程与策略、课程质量的评估与优化等都有理论和方法的支撑，并有可供参考的开发流程。课程开发一般是由教育部、省级教育行政部门与学校三个层次的课程开发主体实施。在基础教育领域，中小学的主要课程是由教育部组织专家团队实施开发，产出的主要是课程标准，据此编写配套的教材、考试命题、教学和评价的指导建议等。在高等教育领域，本科院校的课程开发基本上都是由学校组织的，很多都是任课教师或者教师团队自行开展；课程内容遵循学科知识结构，以学科知识的逻辑体系引导课程开发过程①；课程开发的产出结果是课程教学大纲、教材（或者参考书）、必要的教学条件、教学实施及考核方式的建议等。在职业教育领域，高职院校的课程开发也基本上都是由学校组织或者教师开展；课程内容与职业标准对接，以就业和工作过程为导向引领课程开发过程，课程开发的产出结果是课程标准、教学材料（或者教材）、实验实训环境、教学实施及考核方式的建议等。

第一节　混合式课程的基本特点

课程是为了达到培养目标所需要的全部教学内容与教学计划②。施瓦布（Schwab）认为，课程的本质是教师、学生、内容和环境四个要素的整合，四个要素共同构成了一个有机的生态系统③。教师是课程实施的主体，是课程意义的诠释者；学生是课程的主体，是课程编制的起点与终点；内容是为了学生学习而重新加工整理的知识体系；环境是教师的教和学生的学赖以发生并使学习结果得以产生的所有情境，包括学校环

① 赵伟，孙英．职业教育类型论［J］．中国高教研究，2020（11）：98－103．

② 全国十二所重点师范大学．教育学基础［M］．北京：教育科学出版社，2005．

③ 杨明全．课程论［M］．北京：中国人民大学出版社，2016．

境、课堂环境以及相关的社会文化环境。

在线下课程中，学生需要定期去教室上课，由于各种原因很难或不能定期来校园上课的学生则缺少均等的学习机会。相比之下，线上课程的服务对象主要是因时间或空间而游离于大学外的在职或边缘群体，因此线上课程的注册增长率比线下课程要快，但长期在线学习容易使学生产生孤独感，进而导致课程的保持率过低①。混合式课程可以借助同步与异步通信技术充分发挥线下与线上课程的优势，实现某种程度的时空分离，既可以享有上课和不上课的灵活性，也可以享有社交和互动的机会，还可以实现开放共享、重复使用等。具体呈现出如下特点。

（1）学习兼具自主性和节奏感。线下课程中学生的学习过程完全受到时间、地点的限制而缺乏自主性，线上课程中学生则缺乏与教师和同伴定时见面而导致孤独感和缺课。混合式课程中学生既保留了在线学习的自主性和灵活性，同时也有教师面授督促和学习氛围，易于规划学习安排、适时调整学习节奏。

（2）教学具有更大的灵活性。线下课程中教师需要结合特定教学环境与课次安排组织分配教学内容，线上课程中教师对于教学内容的分配则不受地点的限制。混合式课程中网络学习空间对实体教学场所进行了时空拓展，教师可以围绕教学目标，基于学生特点，对教学内容和活动在时间（课前、课中、课后）与地点（线上、线下）两个方面进行灵活的组织。

（3）教学资源易于获取、便于传播。混合式课程可以借助互联网获取开放数字教学资源，这些资源媒体形式丰富、成本低廉，且便于传播。

（4）师生互动更加全面深入。混合式课程能够充分发挥非同步在线讨论的方便性和交流深度的优势，也有助于在面对面的同步讨论中建立更强的学习共同体归属感，促进师生全面深入地进行教学互动。

（5）教师开展学习指导的依据更加充分。在线下课程中，教师可以观察学生的现场学习效果，却难以对所有学生的学习过程做详细的记录；线上课程可以记录学生的全部在线行为数据，但也需分析行为的真实性。混合式课程既可以跟踪学生的在线学习行为，也能够通过学生面授学习情况对在线学习行为进行交叉验证，便于教师基于更加充分的证据及时对学生的学习进行诊断与指导。

（6）教师教学评估的及时性和全面性得到提高。在混合式课程中，教师的在线教学行为以及部分课堂教学行为都能被动态记录，结合线下的教学督导等方式，教师教学评估的及时性和全面性得到提高，同时，详细的在线教学过程数据也便于教师进行动态教学反思、及时优化教学活动。

---

① 朱永海，韩锡斌，杨娟，等．高等教育借助在线发展已成不可逆转的趋势——美国在线教育 11 年系列报告的综合分析及启示［J］．清华大学教育研究，2014，35（4）：92 - 100.

第二节 混合式课程开发的主要模式

杨明全在《课程论》一书中提出，课程开发是完成一项课程计划的整个动态过程，包括确定课程目标、选择与组织课程内容、实施与评价课程。课程开发模式是基于课程实践提炼总结用以指导完成课程开发过程的操作方法。本节先介绍传统课程的三种典型开发模式及其基本特点，之后再从知识获取方式的角度介绍两种线上课程开发模式，最后结合混合式课程开发实践提出混合式课程的开发模式。

一、课程开发的典型模式

从课程开发的历史来看，课程开发模式主要包括目标模式（Objective Model）、过程模式（Process Model）和情境模式（Situational Model）。其中，目标模式最先被提出并在教育实践中运用得最为广泛，过程模式和情境模式均是在目标模式的基础上提出的，强调了教师的主动性和课程开发的情境性。这三种模式的区别如表 3－1 所示。

表 3－1　三种课程开发典型模式的区别

模式	目标模式	过程模式	情境模式
代表人物	泰勒（Tyler）	斯滕豪斯（Stenhouse）	斯基尔贝克（Skilbeck）
课程论基础	泰勒原理	实践性课程观	文化分析主义
心理学基础	行为主义	认知主义	人本主义
主要优点	概括了课程开发过程的共性，有清晰的操作流程	关注具体教育情境中的教师参与	重视教育情境、秉持课程开发的系统观
主要缺点	忽略了教育的情境性和复杂性	缺乏规范性、教师较难掌控	基于特定教学情境，适用面较窄
适用条件	强调知识和技能获取的课程	强调知识深度理解的课程	基于情境的体验式课程

（一）目标模式

课程开发的目标模式是由美国课程论专家泰勒在 1949 年出版的《课程与教学的基本原理》一书中提出来的。该模式以泰勒原理为基础，讲究课程开发活动的科学程序，追求课程开发活动的效率。

目标模式深受行为主义心理学的影响，将目标作为课程开发的基础和核心，强调先确定课程的目标，再以精确表述的目标为依据进行评价，包括确定课程目标、选择学习经验、组织学习经验和评价学习结果四个环节（见图3－1）。

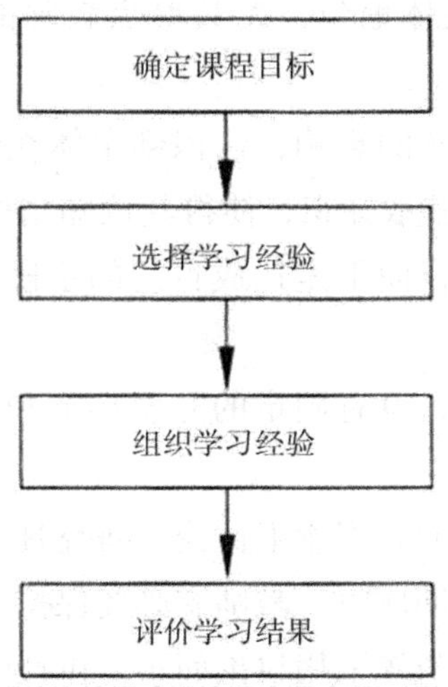

图3－1　目标模式的四个环节①

（1）确定课程目标就是基于教育目的预设通过课程方案的实施使学生能够达到的学习结果，一般用行为动词来描述，如“理解”“掌握”等。

（2）选择学习经验就是选择学习内容，从学科知识、当代社会生活经验或学习者的经验中选择能够为学生提供发展机会的内容。

（3）组织学习经验就是在一定教育观的指导下将选择的学习内容按照一定的原则和方式进行组织，包括垂直组织和水平组织两种基本方式。

（4）评价学习结果就是对课程的实施效果与预期的教育目标之间的差别进行检查，一般包括课程方案的评价和学习结果的评价。

目标模式概括了课程开发活动中的共性成分，并提出了明确的操作流程，便于指导课程开发的实施，但是由于片面追求课程开发的普遍适用性和程序而忽略了教育的情境性，以及教师和学生特质的丰富性、复杂性、主体性等。这主要表现在：①教师仅仅是课程的使用者和执行者，不参与课程的开发，难以促进教师的专业发展，容易导致课程开发时忽略一些有意义的教育经验；②课程目标完全是预设的，不随着学生经验的展开而生成，只关注学生外显的、可以观测的行为目标，内在认知过程难以测量。因此，目标模式适用于强调知识和技能获取的课程开发。

（二）过程模式

出于对目标模式忽视知识内在价值、无法帮助教师提高教学实践能力的批判，英国课程论专家斯滕豪斯在1975年出版的《课程研究与发展导论》一书中提出了课程开

---

① 泰勒．课程与教学的基本原理［M］．施良方，译．北京：人民教育出版社，1994：35.

发的过程模式。该模式以实践性课程观为基础，强调教育的价值体现在教与学的实践过程中，关注学生和教师的主体地位，尤其聚焦教师的角色重视教育的情境性和复杂性。

过程模式受认知主义心理学的影响，认识到主体在认识过程中具有一定的认知结构，并且通过主动参与来不断获取知识，使得其认知结构处于不断发展的状态。因此，过程模式强调教育是一个过程，而不是达成目的的手段，更关注知识和教育活动的内在价值。

过程模式是一种开放系统，没有固定的开发环节和清晰的程序步骤，仅有五条指导课程开发与实施的过程原则。

（1）教师应该与青少年一起在课堂上讨论、研究具有争议性的问题。

（2）在处理具有争议性的问题时，教师有必要保持中立原则。

（3）探究有争议性的问题应该采用讨论而不是讲授的方式。

（4）讨论过程中应该尊重参与者的不同观点，而不是试图达成一致意见。

（5）教师作为讨论的主持人，应该保证学生的学习质量和标准，即所有的观点与争议都接受证据和推理的检验。

在这五条过程原则的指导下，教师是积极的课程参与者和课程实践者，是平等的学习者；同时，课程的开发关注的不是预设的行为目标，而是随着教育活动的展开生成的目标。因此，过程模式关注到了教育情境中的教师参与，并且允许教师对课程意义进行解读，教师是课程的研制者和开发者，“没有教师发展就没有课程发展”；同时，过程模式不是一个预定的程式化线性发展的过程，而是在具体情境中通过反思性实践进行对话和理解的过程。该模式适用于强调知识深度理解的课程，有利于发展学生的高阶思维。

但过程模式也有其缺陷之处：它没有设计可观测的行为目标，对教师教学没有相对固定的要求，导致课程实施过程中缺乏科学性和规范性，教师业绩和学生学业评价比较困难。因此，该模式需要教师对课程知识领域具备深刻的理解，这就对教师提出了理想化的要求，一般教师难以胜任。

（三）情境模式

为了改进目标模式的线性化缺陷，英国课程论专家斯基尔贝克在 1976 年出版的《课程编制过程：学校使用的一种模式》一书中详细阐述了课程开发的情境模式。该模式以文化分析主义为基础，强调课程本质是社会文化的一种抉择，主张在课程开发过程中要彻底地、系统地对相关情境（包括内部情境和外部情境）和课程要素进行分析，是一种更加综合的课程开发模式①。

---

① 钟启泉．课程论［M］．北京：教育科学出版社，2007.

情境模式受到人本主义心理学的影响，关注具体情境下学生的个体发展需求，如尊严、价值、创造力的发展及发展意愿等方面的需求，强调课程开发需要符合学校发展理念与学生的发展需求，并将“情境分析”作为课程开发的起点，包括分析情境、确定目标、编制方案、解释与实施、评价与改进五个环节（见图3－2）。

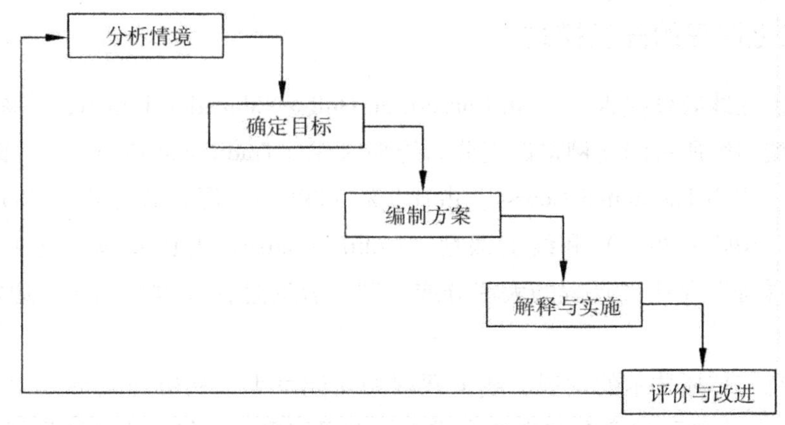

图3－2 情境模式的五个环节

（1）分析情境是指对与学校教育相关的、影响课程开发的各种因素进行分析，包括内部因素，如学生和教师的特点、学校风气、学校已有的设备、资源以及其中存在的问题和缺陷；外部因素，如社会背景及其期望、劳动力市场的需求、社区的文化环境及价值观、学科科目的特征、资源和支持系统的特征等。

（2）确定目标是指参照情境分析的结果，确定符合学校发展理念与学生发展需求的目标，其中，学生发展需求是制约课程目标的根本因素，课程目标一般要用学生的学习结果来表达。

（3）编制方案包括选择课程内容、组织课程内容、安排教学活动、选择合适的资源以及教学方法等，最终要形成一个文本性的课程方案。

（4）解释与实施是将课程方案付诸实施的过程，不仅包括课堂教学，还包括课外的调查、实践等活动。

（5）评价与改进是对课程实施情况进行评价与优化，包括对学生学习效果的评价和对课程方案本身的评价。

情境模式强调关注课程开发过程中的各种要素，同时将这一过程作为一个有机整体，开发的各个环节相互联系，但不具有一定的逻辑顺序，可以从任何一个环节入手，或者几个环节同时进行。课程开发的各个环节密切关联，形成一个循环往复的连续性过程，评价与改进环节既是上一个循环的结束，又是下一个循环的开始。

情境模式强调关注学校具体情境下学生的个体发展需求，课程开发必须基于这些特定情境展开，因此，对课程开发的情境要做适当的抽象，有一定难度，适用面较窄。

该模式适合基于情境的体验式课程开发。

课程开发的目标模式、过程模式和情境模式在实践中可以结合具体课程开发进行综合运用。

二、线上课程的开发模式

斯隆联盟在线教育报告（Sloan Consortium Online Education Report，简称斯隆报告）根据线上传授内容所占的比例将课程分为传统课程（Traditional Course，占比0%）、网络辅助课程（Web Facilitated Course，占比1%～29%）、混合式课程（Blended/Hybrid Course，占比30%～79%）和线上课程（Online Course，占比80%以上）四种类型，认为“线上课程”是指“课程的大部分或全部内容通过在线方式完成，通常没有面对面的交流”。

随着信息与传播技术的发展，线上课程的功能发生了从资源共享到知识共生的变迁①。早期的线上课程以资源共享的形式进行知识传授，课程形式从异步网络传播的数字化文本、视频课程逐步发展到可以实时网络传播的视频课程；当今的线上课程发挥着知识生成的功能，可以基于大数据分析技术以学习者生成内容为中心来扩展知识的边界②。因此，从线上课程的功能角度来看，线上课程可以分为基于知识传授的线上课程和基于知识生成的线上课程，两种课程在理论基础、教师角色、学习目标、学习内容、学习方式与学习环境六个方面均存在差异（见表3－2）。

表3－2 基于知识传授的线上课程和基于知识生成的线上课程的对比

项目	基于知识传授的线上课程	基于知识生成的线上课程
理论基础	行为主义、认知主义	建构主义、联通主义
教师角色	讲授者	促进者
学习目标	由教师定义，学习者掌握学习内容	由学习者个体自己决定，学习者共享、生成知识
学习内容	预设的、结构化的	生成的、非结构化的
学习方式	通过视频、测试、作业等方式学习	基于社交网络的群体间交互学习
学习环境	中心化	分布式

慕课（Massive Open Online Courses，MOOCs）是线上课程的一种常见形式，有侧

① 赵丽．线上课程开发：从资源“共享学习”到智慧“共生跃迁”［J］．电化教育研究，2016，37（11）：67－74.

② 杨刚，胡来林．MOOC对我国高校网络课程建设影响的理性思考［J］．中国电化教育，2015（3）：15－21.

重知识传授的 xMOOC 和侧重知识生成的 cMOOC 两种类型,① 下面以 xMOOC 和 cMOOC 为代表，分别介绍上述两种线上课程开发模式的特点与流程。

（一）基于知识传授的线上课程开发模式

基于知识传授的线上课程以行为主义和认知主义学习理论为基础，强调知识的呈现、行为的刺激和强化，关注如何将知识精准地传授给学习者，以此为基础进行程序教学材料的开发②。教师是课程的讲授者和学习目标的定义者，沿用传统的课程结构与教学流程,③④ 学习内容是预设的、结构化呈现的知识，学生通过视频、测试、作业等方式进行学习，学习环境以某一课程平台为中心。

基于知识传授的线上课程以 xMOOC 为代表，该类课程以 2011 年秋季斯坦福大学试探性地在网上免费开放的三门计算机科学课程——“数据库”（Databases）、“机器学习”（Machine Learning）和“人工智能导论”（Introduction to Artificial Intelligence）为开端，主要依托 Coursera 和 Udacity edX 两个技术平台建设。xMOOC 更接近传统教学的理念，一般由教师录制视频、发布课件、布置作业和课程测试，学生通过视频实现自主和协作学习，完成作业并参加测试。教师和学生进行互动只能通过基于课程平台的集中论坛或者线下见面会。

该类课程是按照学科知识结构，围绕知识点进行教学的线上课程。课程开发需要一支课程支持团队，主要包括课程开发专家、计算机编程人员、摄像师和懂技术的教学助理。xMOOC 课程开发模式包括课程选题、课程规划、知识点设计、课程设计、课程拍摄、后期制作、辅助资料和课程上线八个步骤。

（1）课程选题需要根据互联网大规模传播的特点对课程内容进行选择确定。

（2）课程规划是指对预修课程、课程容量、学习负担、考核机制等进行规划。

（3）知识点设计是指根据课程规划对课程的章节和知识点进行划分与脚本设计。

（4）课程设计是指根据课程特点和教学要求对课程整体与知识点的实际教学方式进行设计，包括知识点的资源呈现形式。

（5）课程拍摄需要教师配合专业摄像团队对课程所需的视频素材进行拍摄。

（6）后期制作需要由助教、专业团队根据预先设计的脚本对课程视频素材进行后期制作。视频时长通常不超过 15 分钟。

---

① 王萍．大规模在线开放课程的新发展与应用：从 cMOOC 到 xMOOC［J］．现代远程教育研究，2013（3）：13-19.

② 曹梅，朱晓悦．在线课程设计的建构主义范式诠释——美国 BrainPOP 在线课程的案例研究［J］．电化教育研究，2019，40（12）：57-63.

③ 王萍．大规模在线开放课程的新发展与应用：从 cMOOC 到 xMOOC［J］．现代远程教育研究，2013（3）：13-19.

④ 金慧．在线学习的理论与实践：课程设计的视角［M］．北京：清华大学出版社，2017.

（7）辅助资料是指由教师和助教根据教学要求准备课程电子课件、测试题、讨论题、作业、参考书目等资料。

（8）课程上线是按照既定的规划逐步上线课程内容，学生按照预定的教学逐步完成课程的学习。

（二）基于知识生成的线上课程开发模式

基于知识生成的线上课程以建构主义和联通主义学习理论为基础，关注知识的共同建构和学生高阶思维目标的达成。教师是学习的促进者；学习目标由学生自己决定；学习内容是生成的、非结构化呈现的知识；学生采用基于社交网络的学习群体间的交互方式来进行学习，以对话、交流的方式实现知识建构与迁移运用；学习环境是分布式的在线交流工具。

基于知识生成的线上课程以 cMOOC 为代表，该类课程以乔治·西门子（George Siemens）与斯蒂芬·唐斯（Stephen Downs）于 2008 年合作开设的“联通主义与连接性知识”（Connectivism and Connective Knowledge，CCK08）课程为开端。cMOOC 将分布于世界各地的授课者和学习者通过与某一个共同的话题或主题相联系学习者通过交流、协作、构建学习网络来共同建构知识。教师通过提供资源、发起话题和组织活动来实施课程，学生通过上传资源、参与话题和参加活动来共享知识。

该类型的课程强调在模糊目标的情况下围绕主题或创设情境设计不同类型的学习活动，指导学生进行交互式学习，关注学生学习经验的生成。有研究基于 Moodle 平台依赖实践者的经验迭代设计开发了针对职业领域警察实训的课程，根据学生反馈、研究者反思和专家意见不断修正课程开发流程，最终形成了以活动为起点的基于知识生成的网络课程开发模式，从课程培养目的开始，沿着“课程/活动设计—课程准备/预设—课程实施/生成—课程反思/提炼”的路径进行。

（1）课程培养目的：通过访谈和观察来初步确定，具有总体性和模糊性的特点，在第一阶段的课程开发中难以细化成具体的行为目标。

（2）课程/活动设计：教师和教学设计人员为课程开发所需要的内容设置对应的活动支架，包括选择任务、设计步骤、选择工具、整合资源四个环节。

（3）课程准备/预设：教师根据教学目标选择平台、制作资源、上传活动，便于后续教学的顺利实施。

（4）课程实施/生成：教师和学生共同开展的活动，师生共同提供资源与链接、分享案例与经验，进而经过聚合产出和分析提取生成课程内容，这些可以直接成为下一轮课程的内容。这一环节记录了教师和学生的交互关系与行为数据，对下一轮课程内容的组织起到了修正作用。

（5）课程反思/提炼：结合定性定量的数据分析方法，根据评价分析指标对课程活动进行分析提取，寻找课程的核心参与者作为下一轮的助教，凝练新的概念作为下一轮的课程内容，提取好的经验、选择好的案例、筛选好的链接作为下一轮课程预设的学习资源，对好的活动进行反思，进而在下一轮的课程活动中使用。

三、混合式课程的开发模式

基于第一节梳理的混合式课程的基本特点，混合式课程的开发需要综合考虑传统线下课程开发的典型模式与线上课程开发模式的优缺点，取长补短，依据一定的开发原则和流程进行。

（一）混合式课程的开发原则

国外学者提出了指导混合式课程的开发原则，主要围绕课程目标、课程内容与教学设计、课程混合和课程导学四个方面展开。

1. 课程目标

混合式课程开发应该聚焦课程目标而不是技术。混合式课程的开发不宜从炫耀技术的视角切入，应该从课程的目标和目的出发，即要先确定关键的学习成果口识、技能和情感，由此确定后续的课程内容选择、课程活动设计和课程效果评价，包括线上和线下学习时间的分配等。

2. 课程内容与教学设计

混合式课程内容呈现方式、学习活动和评价方案的设计应基于学生学习需求、课程内容特点以及技术工具的教学功能。混合式课程内容呈现方式选择和教学活动设计应该以最能满足学习者需求为目标，并且与内容的难易程度相匹配。例如，如果一个学习单元的内容比较简单且容易理解，则适宜采用线上方式进行；但如果学习单元的内容相对复杂，并且预计会有不少需要即时回应的学生问题，那么线下的方式将能更好地满足学生的需求。教学活动和评价方案的设计还需要考虑已有技术工具的教学支持功能。例如，当教学目标要求对某些主题进行讨论，采用讨论区、博客等交流工具就可以支持线上异步讨论活动的设计，如果要设计异地同步讨论活动时，就需要视频会议系统进行支持；如果要进行基于学生线上学习行为的动态评价，则需要网络教学平台具有相关数据收集并进行相应分析的功能等。

3. 线上与线下活动的混合

课程的线上和线下活动需要整合成一个有机的整体。在混合式课程中，线上和线下教学活动必须整体设计、相互衔接。例如，根据课程一个学期的安排，需要统一规划哪些课时的教学活动在线上，哪些在线下，还需要考虑线上和线下的教学活动如何有机衔接；一个线上活动若包含有难度较大内容的自主学习，那么接下来的线下活动可以围绕这个内容开展小组讨论和分享，以便解疑和深化认知；如果一个学习单元的教学活动设计为课前、课中和课后三个环节，那么这三个环节的学习目标和学习内容可以由低到高、由易到难进行递进设计，便于学生通过多次循环来逐步建构知识。

4. 课程导学

混合式课程应设计清晰、完整的线上导学信息，并在线下教学中提供动态指导，确保学生为每一步学习活动做好准备。混合式课程的线上导学信息是提供给学生阅读的，包括整个课程的导学、每个学习单元的导学以及每次学习活动的导学。这些导学信息应说明学习目标、学习内容获取的获取方式、学习活动的安排、学习任务提交的截止时间、考核的方式及标准等，信息应尽可能完整、明确，能够指导学生逐步完成学习任务。同时，教师还应提供线下指导，如课程开始阶段在课堂上指导学生如何安装使用网络教学平台以及其他技术工具，让学生专注于课程内容而不受技术使用的困扰；在教学过程中不断审视学生是否遇到学习方法的问题，及时进行个性化指导等，帮助学生对混合式课程的学习做好充分准备。

（二）混合式课程的开发流程

课程开发一般有两种思路：第一种是按照线性流程开发，第二种是快速迭代开发。前者可追溯至20 世纪70 年代，采用专家主导、自上而下的方法，假定学习需求是基本稳定的，按照线性流程循序渐进；后者自 90 年代开始流行，强调通过原型的快速迭代加快并优化课程的开发，允许开发过程中在一定程度上变更需求，按照迭代流程持续交付①。

2010 年，国内学者提出了按照线性流程进行混合式课程开发的方法，包括三个核心环节：准备阶段、实施阶段和评价阶段②。其中，准备阶段包括三个部分：①分析学习者的特点；②分析课程知识；③分析混合学习环境。实施阶段包括三个部分：①混合式课程的总体设计；②混合式课程单元（活动）设计；③混合式课程资源设计。评价阶段需要针对线上和线下两个部分分别制订课程评估方案，强调学习者参与教学评价和学习评价。这三个阶段分别凸显了课程分析、课程设计与课程评价的要素，但是忽略了课程构建即课程资源的制作与课程在线部分的建设。对此，有学者提出，混合式课程的开发是一个需要不断改进的过程，应该具备课程分析、课程设计、课程构建和课程评价四个环节，并且这四个环节循环往复、持续优化。

1. 课程分析

应对拟开发的混合式课程在学校内部情境和学校外部情境进行分析。其中，内部情境包括三个方面：①对学生的兴趣、起始能力、背景知识、期望的学习结果等；②对课程现有资源的内容和结构及其问题的分析、对混合式课程的目标定位等；③对组

---

① 李笑樱，闫寒冰，彭红超．敏捷课程开发：VUCA 时代课程开发新趋向［J］．电化教育研究，2021，42（5）：86－93，113.

② 张治勇，殷世东，高校混合式课程开发探析［J］．中国高教研究，2010，207（11）：89－91.

织的管理结构、学校的设备与财政条件、对教师的知识和教学能力的要求、混合式课程项目的预算和计划时间、混合式课程在学校的实施场景、现有技术平台的情况等。外部情境包括宏观政策环境、劳动力市场需求、社会文化环境、技术发展现状等进行分析。

2. 课程设计

根据上述课程分析的结果，编写初步的课程设计方案，包含课程目标的确定、课程内容的选择与组织、内容呈现方式的设计和课程评价方案的设计，其中，内容呈现方式涉及相应教学资源类型的选择与制作。

3. 课程构建

根据课程内容选择或制作对应的数字教学资源，并着手建设混合式课程的线上部分。混合式课程的线上部分建设需要网络教学平台的支持，最终呈现为一个课程网站形式，包括课程导学、学习单元、学习资源、学习工具等，其中，学习单元是核心部分。

4. 课程评价

经过上述课程分析、课程设计和课程构建三个阶段就完成了一轮课程开发。基于课程开发成果，由不同教师面对特定学生、特定教学情境进行教学设计与实施。

第三节　混合式课程的设计

根据李允在《课程与教学论》一书中的论述，课程设计是指“一定的课程开发群体或个人，根据各自的价值取向，按照一定的课程理念，通过特定的方式，组织、安排课程的各种要素或成分的过程”。混合式课程的设计则是在虚实融合环境下根据课程理念对课程要素进行重新组织与安排的过程。混合式课程的设计主要包括确定课程目标、选择与组织课程内容、设计内容呈现方式（主要是相应数字资源的建设与应用）和设计课程评价方案五个内容。

一、确定混合式课程的目标

顾明远在《教育大辞典》一书中将“课程目标”定义为“课程本身要实现的具体目标，是期望一定教育阶段的学生在发展品德、智力、体质等方面达到的程度”。钟启泉在《课程论》中将确定课程目标分为四个步骤：明确教育目的与培养目标；确定课程目标的主要来源；确定课程目标的基本取向；撰写具体的课程目标。

确定课程目标是课程设计的起点，但不是国家教育的逻辑起点。钟启泉认为，其

“仅仅是从国家制定的教育目的到实际的课堂教学目标所经历的一系列转化的一个环节”。根据教育目标的抽象程度，教育领域的目标可以分为教育目的、培养目标、课程目标和教学目标四种不同层次，其具体关系如图 3－3 所示。其中，教育目的是一个国家乃至社会在较长历史阶段人才培养的总体目标，层次最高、指导范围最广；培养目标是各级各类学校及各个学段应具体达到的教育目标，能够体现学校的办学指导思想和办学特色，具有一定的区域性和针对性；课程目标是指导课程设计、课程实施和课程评价的基本准则，是整个课程编制的逻辑起点，它的制定以教育目的和培养目标为依据；教学目标是培养目标和课程目标的具体化，既指向课程目标，又指向教学单元目标和具体的课时目标、教学环节目标。混合式课程是课程的一种类型，因此混合式课程目标也遵循这样的从属关系，在确定混合式课程的目标时需要优先确定教育目的和培养目标。

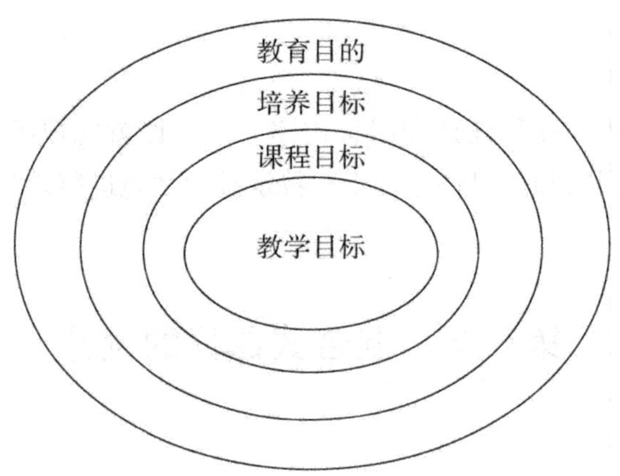

图 3－3　教育目的、培养目标、课程目标和教学目标的关系

（一）混合式课程目标的主要来源

泰勒在《课程与教学的基本原理》一书中用折中的态度提出了课程目标的三个主要来源，即对学生的研究、对当代社会生活的研究和学科专家的建议。奥恩斯坦（Ornstein）和亨金斯（Hunkins）则认为，课程应当来源于科学、社会、道德、知识和学习者。两者具有一定程度的重合，对于混合式课程的目标确定均具有重要的指导意义。混合式课程是适应时代发展的新型课程形式，其目标确定除了考虑使学生具备前沿的学科知识外，还需要回应社会进步的诉求和终身学习的需要。

1. 学科知识的发展

学科知识具有认知、生活导向和思维启迪的功能①，是确定混合式课程目标的主要

① 杨华．加强学科、教材、课堂教学的“三大”体系建设，夯实学科育人根基［J］．中国教育学刊，2020（S2）：120－122.

来源①。学科知识来源于学科专家的建议，学科专家通过深刻认识并回答“你这门学科对那些不会成为这个领域专家的年轻人的教育有什么作用?”“你这门学科对外行或一般公民有什么贡献?”这样的问题，进而对课程目标的确定给出具体的建议。学科专家依据学科的训练方法和内容，指出该学科能对一般人作出哪些贡献。随着互联网的普及应用和全球化知识经济的到来，混合式课程传授的学科知识不仅在内容上呈现爆炸式增长，而且在知识生产、传播、使用方式上发生着根本性变革，学科知识的疆界在不断拆解并发生新的联结②。

2. 社会进步的诉求

社会进步依赖于人才培养③，因而社会在道德、经济和技术等方面的发展都会影响混合式课程目标的确定。

（1）混合式课程需要回应教育价值取向对人才培养的诉求。国家将立德树人作为教育的根本任务。2020 年，教育部提出以爱党、爱国、爱社会主义、爱人民、爱集体为主线，围绕政治认同、家国情怀、文化素养、宪法法治意识、道德修养等重点优化高等学校课程思政内容供给，系统进行中国特色社会主义和中国梦教育、社会主义核心价值观教育、法治教育、劳动教育、心理健康教育、中华优秀传统文化教育等。

（2）混合式课程需要回应促进经济发展对人才技能与能力的诉求。经济合作与发展组织 2015 年年度报告提醒各成员国帮助年轻人发展适应劳动力市场需求的各项素养；俄罗斯明确将社会劳动素养纳入 21 世纪核心素养框架，学生需要学会分析劳动市场情况、评估自己的职业机会、处理劳动关系的伦理与道德、自我管理能力等④；美国 21 世纪学习框架将“生活与职业技能”作为技能框架体系的重要组成部分，具体包括灵活性与适应性、主动性与自我导向、社会与跨文化素养、效率与责任、领导与责任五个方面。

（3）混合式课程需要回应信息时代对人才能力与素养的诉求。《高等学校数字校园建设规范（试行）》中明确将学生信息素养培育作为学校培养高素质、创新型人才的重要内容；《职业院校数字校园规范》提出学生应该具备信息化职业能力，以成为合格的数字公民，具体包括信息意识和态度、信息知识与技能、信息思维与行为、信息化专业思维与能力及信息社会责任等。

---

① 泰勒．课程与教学的基本原理［M］．施良方，译．北京：人民教育出版社，1994：20.

② 胡春光，胡丽萍，黄文彬．大学学科知识的演变：知识转型的历史社会学分析［J］．中国高教研究，2011（7）：50－55.

③ 姜树卿，经济发展与社会进步依赖于教育的发展和人才的培养［J］．教育探索，2002（2）：5－10.

④ 师曼，刘晟，刘霞，等．21 世纪核心素养的框架及要素研究［J］．华东师范大学学报（教育科学版），2016，34（3）：29－37，115.

3. 终身学习的需要

终身学习是个人的基本需求，也是学习型社会的标志①。帮助学习者获得终身学习能力是高等教育依托混合式课程助推中国教育现代化的重要路径②，应该将终身学习能力纳入混合式课程的目标。2007 年，欧盟正式发布的《终身学习关键能力：欧洲参考框架》（*Key Competences for Lifelong Learning：A European Reference Framework*）指出，终身学习的关键能力包括母语沟通能力、外语沟通能力、数学和科技基本素养、数字（信息）素养、学会学习、社会与公民素养、创新与企业家精神、文化意识和表现八个方面，并指出基本的语言、文字、数学、信息能力是终身学习的基础，“学会学习”支持个体所有学习活动，批判性思维、创造性、主动性、问题解决、风险评估、决策、情绪管理是终身学习者必不可少的素养。

（二）混合式课程目标的基本取向

舒伯特（Schubert）认为，课程目标主要有四种取向：普遍性目标取向、行为性目标取向、生成性目标取向和表现性目标取向。这四种取向的课程目标共同构成了课程目标体系，每种课程目标都有其存在的意义。在混合式课程开发时需要识别不同取向的课程目标的优缺点及适用条件并加以合理组合，进而有助于更好地指导课程开发。这四种取向的课程目标优缺点及适用条件的比较如表 3 –3 所示。

表 3 –3　四种取向的课程目标的比较

课程目标取向	普遍性目标取向	行为性目标取向	生成性目标取向	表现性目标取向
优点	具有普遍性、方向性、指令性	具体、明确，可操作性强	考虑到学生兴趣的变化、能力的形成和个性的发展	能够体现学生的独特性、个体性
缺点	缺乏量化依据，容易产生歧义	情感的变化难以用外显的行为表达	大班授课时很难实施	过于模糊，很难保证所有学生都达到要求
适用条件	普遍适用	强调知识和技能	培养问题解决能力	培养创造能力

1. 普遍性目标取向

普遍性目标是将一般教育宗旨或原则直接运用于课程领域成为课程领域一般性、规范性的课程目标。此类目标是对课程全局的总体考虑和安排，反映的是比较长时期的教育价值取向，具有普遍性、方向性、指令性的特点，是任何门类的课程都不可缺

① 李德显，赵浩含．近十年国外终身学习研究的前沿主题及热点领域分析［J］．教育理论与实践，2020. 40（34）：3 –9.

② 谢倩芸．助推构建服务全民终身学习的教育体系［J］．中国高等教育，2021（2）：57 –59.

少的部分。此类目标往往基于经验、哲学观或伦理观提出，缺乏量化依据，在理解上容易产生歧义，需要通过具体目标的确定进行细化①。国家层面的课程开发，需要遵循新时代党的教育方针和根本要求制定普遍性目标。

2. 行为性目标取向

行为性目标指明课程与教学活动完成后学生身心方面所发生的变化结果预期，是以显性化、精确化、具体化、可操作的行为形式加以陈述的课程目标。相比普遍性目标的模糊性，此类目标更为具体、明确，可操作性强，有利于教师对教学全程目标和方向的控制。但是该取向过于关注行为的同时，忽略了学生学习的主观能动性，忽视了不易直接测量与观察的内容，如价值观、情感等。当混合式课程的内容以强调知识和技能为主时，可以选用行为性目标。

3. 生成性目标取向

生成性目标是在教育情境之中随着教育过程的展开而自然生成的课程目标，它是教育情境的产物和问题解决的结果。此类目标考虑到了学生兴趣的变化、能力的形成和个性的发展，强调学生在与教育情境的交互作用中产生自己的目标。但这一目标的具体实施需要教师根据学生的需要和特点随时调整课程内容，并且需要大量额外的准备工作，在大班授课时不容易实施。当混合式课程旨在培养学生具体情境下的问题解决能力时，可以选用生成性目标。

4. 表现性目标取向

表现性目标是指每一个学生在具体教育情境中的个性化表现，关注的是人们在从事某种活动结束时有意或无意得到的结果。它强调学生的个性发展和创造性表现，尊重学生的个体差异，期望学生反应的多元化。但此类目标过于模糊，在课程设计与实施时难以发挥课程指南的作用。此外，在某些学科领域，它难以保证学生获得了必须掌握的内容。当混合式课程旨在培养学生的创造能力时可以选用表现性目标。

混合式课程目标确定的结果就是形成课程目标文档，课程目标整体上呈现为普遍性目标统领下由行为性、生成性或者表现性目标组成的目标体系，具有系统化、层次化和具体化的特征②。要考虑到与目标体系相关的教育系统要素的纵向和横向的关系，要反映出学习结果的层次性，要将普遍性目标拆解成详细的具体目标。

二、选择混合式课程的内容

杨明全认为，课程内容是“根据特定的教育价值观和课程目标，有目的地从人类

① 钟启泉．课程论［M］．北京：教育科学出版社，2007：119.

② 钟启泉．课程论［M］．北京：教育科学出版社，2007：88.

的知识经验体系中选择出来，并按照一定的逻辑序列组织、编排而成的知识体系和经验体系的总和”。根据课程内容的性质，课程可划分为学科课程和经验课程，前者以学科知识为核心，当前在学校范围内所接受的课程大多可归为此类；后者以学习者的经验为核心，通过生活体验与活动积累相应的知识，职业院校所设置的技能型课程与此关联较大，如烹饪、技工等。周兴国和段兆兵认为，随着知识与经验的边界越来越模糊，混合式课程内容的选择往往需要兼顾学科知识与生活经验，尤其是学习者的经验。

（一）基于知识选择课程内容

钟启泉依据知识的来源、知识的内容、教学内容或学科内容结构等，对课程知识加以区分（见表3－4）。

表3－4　课程知识的类型及其内涵

课程知识的分类标准	课程知识的类型		内涵概述
知识的来源	直觉知识		学习者经过思考顿悟发现的知识，依据想象力或个人经验而提出并得到承认的知识
	理性知识		根据推理得到的知识，偏向抽象思维
	经验知识		根据观察与感知得到的知识，偏向形象思维
知识的内容	知“什么”		属于陈述性知识，如原理等，给予“是什么”的启发
	知“如何”		属于程序性知识，给予“如何做”的启发
教学内容或学科内容结构	具体的知识	术语的知识	关于具体符号的指称物的知识
		具体事实的知识	关于日期、人物、地点等具体精准信息的知识
	处理具体事物的方式方法的知识	惯例的知识	关于对待和表达观念的惯有方式的知识
		趋势和顺序的知识	关于时间方面涉及事物发展过程、方向和运动的知识
		分类和类别的知识	关于类别、组织、排列等方面的知识
		准则的知识	关于检验或判断各种事实、原理、准则的知识
		方法论的知识	关于特定学科、特定问题的探究方法、技巧和步骤的知识
	学科领域中的普遍原理和抽象概念的知识	原理和概括的知识	观察现象并加以概括的特定的抽象概念方面的知识
		理论和结构的知识	对于复杂问题或现象的系统、完整的原理知识，涉及大量具体事物的彼此关系与组织结构

（二）基于经验选择课程内容

基于经验选择课程内容主要包括两个方面：一方面是社会生活经验，另一方面是学习经验。

在混合式课程中，社会生活经验的选择强调学习与社会文化情境的互动作用，强调结合政策背景、经济发展背景、技术发展现状等方面将社会需要转换成一定的课程内容，如人工智能、区块链、大数据等技术的发展也可以作为课程内容的来源。职业教育的目标是培养生产、管理和服务一线的技术技能型人才，课程内容还需要基于工作岗位出发选择从业中实际应用的经验和策略①。

学习经验的选择强调学生是学习的主体，学习是学生以已有的学习经验和心理结构为基础主动与外界环境进行双向互动的过程。每个学生已有学习经验不同，因此基于学习经验选择课程内容时需要尊重学生的个性差异，充分了解学生的学习背景、兴趣爱好，分析引发学生反应的学习情境，安排合适的情境以激发学生的学习行为②。另外，学生的学习经验和个人的社会生活经验是不可分割的，学习经验只能在一定的社会文化环境中才能发生，学生在日常学习、生活、与他人交往过程中生成的个人知识和同伴文化也可以作为课程内容的来源。混合式课程必然要使用信息技术，因此，选择课程内容时需要充分考虑信息化环境下学习者对技术发展的认知程度以及学习者对技术使用熟练程度。

三、组织混合式课程的内容

课程组织是指“在一定的教育价值观的指引下，将所选出的各种课程要素妥善地组织成课程结构，使各种课程要素在动态运行的课程结构系统中产生合力，以有效地实现课程目标”③。因此，混合式课程内容的组织就是在考虑课程其他要素，即在教师、学生和环境的基础上对内容进行编排与整合，需要依据一定的原则并采用恰当的方式，最终形成细分的单元结构。

（一）组织混合式课程的基本原则

泰勒认为，课程的有效组织必须符合连续性、顺序性和整合性原则，组织混合式课程同样需要依据这三个原则。

---

① 姜大源．学科体系的解构与行动体系的重构——职业教育课程内容序化的教育学解读［J］．教育研究，2005（8）：53－57.

② 杨明全．课程论［M］．北京：清华大学出版社，2016：248.

③ 张华．课程与教学论［M］．上海：上海教育出版社，2000：230.

1. 连续性

连续性是指围绕课程的主要内容进行连续的安排。在组织原理或者概念性的知识时，若其中一个目标是要掌握某一概念的意义，那么就需要在该课程的各个部分中一遍又一遍地涉及这个概念；在组织技能方面的内容时，若其中一个目标是要掌握某一技能，那么就要使学生有机会、连续地反复练习这些技能。

2. 顺序性

顺序性与连续性有关，但又超越连续性，是指每一后续内容都要以前面的内容为基础。在组织原理或者概念性的知识时，对于某一重要概念的重复提及需要使学生都能更广泛和更深入地理解该概念所包含更广和更深的含义；在组织技能方面的内容时，对于某一重要技能的训练还要不断扩大该技能应用的广度和深度。

3. 整合性

整合性是指各种课程内容之间的横向联系，课程内容的组织应该有助于学生逐渐获得一种统一的观点，并把自己的行为与所学习的课程要素统一起来。学习某一概念或者技能不是孤立的，如在数学学科里处理算术问题还要考虑到购物、科学等其他场所，以及可以有效应用这些技能的方式，同样，在学习某一概念时也要能和其他课程里的相关概念联系起来。

（二）组织混合式课程的不同方式

依据课程组织的基本原则，组织课程有多种方式，但总的来说有三大类。根据课程内容是否重复出现可分为直线式与螺旋式，根据课程内容知识体系有无边界可分为纵向组织与横向组织，根据课程内容偏重知识或者经验可分为逻辑顺序与心理顺序①。

1. 直线式与螺旋式

直线式与螺旋式都遵循连续性和顺序性的原则。直线式强调以“直线”形式组织课程内容，逻辑上前后联系，互不重叠，更适宜理论性较低、操作性较强的课程内容；螺旋式强调以“螺旋”方式组织课程，课程内容在不同阶段、不同学习单元中重复出现，层层递进，逐渐扩大知识面、加深知识难度，更适宜理论性较强、学生不易理解和掌握的内容。

2. 纵向组织与横向组织

纵向组织主要遵循连续性与顺序性的原则，横向组织主要依据整合性的原则。纵向组织强调知识的纵深，按照知识的逻辑序列，由已知到未知、由具体到抽象的先后顺序组织课程内容；横向组织强调知识的广度，要求打破学科边界，将人类知识还原为一个有机的整体，需要将不同类型的课程加以配合和整合使其优势互补。在组织混合式课程的内容时，学科课程适宜采用纵向组织的方式，经验课程适宜采用横向组织

---

① 钟启泉．课程论［M］．北京：教育科学出版社，2007：158－161.

的方式。

3. 逻辑顺序与心理顺序

逻辑顺序与心理顺序都遵循顺序性的原则。逻辑顺序是根据学科本身的知识体系与内在联系组织课程内容，按照学科固有的逻辑顺序进行内容分段与顺序排列；心理顺序是按照学生心理发展特点和已有经验背景组织课程内容。在组织混合式课程时，需要兼顾逻辑顺序与心理顺序，才能使学科内容真正地发挥作用，学生才能学习到符合自身发展阶段的知识。

（三）混合式课程单元结构的构建

"课程单元"是指由一系列知识、技能等课程要素组成并具有内在一致性的、相对完整的一个学习单位①。一般来说，一门课程由不同的学习单元组成，每个学习单元由不同的知识点组成。单元结构构建的目的，就是将混合式课程的教学内容和总体目标逐步分解为具体的学习任务②，构建混合式课程的单元结构包括划分混合式课程的单元和编排混合式课程的单元两个基本环节。

1. 划分混合式课程的单元

可按照章节内容、任务、模块、项目、专题、教学周等，将课程内容划分成学习单元。单元划分要考虑的因素：一是要考虑课程本身知识之间的逻辑关系；二是要结合学习者的认知规律；三是要参考以往教学情况和学生的反馈。划分时既需要关注知识点的相对独立性和完整性，还需要考虑知识点之间的前后关联性。

对于认知类教学目标为主的内容，如英语、数学、物理、教育学等课程，建议按照章、节等形式进行组织；对于动作技能类目标为主的内容，如绘画、雕刻加工、设备操作等课程，建议按照项目、模块、任务等形式进行组织；对于情感类目标为主的内容，如思想品德、心理健康等课程，建议按照主题的形式进行组织。

2. 编排混合式课程的单元

编排混合式课程的单元时主要需要考虑单元内容线上呈现与线下呈现的差异，进而发挥线上学习与线下面授各自的优势，相互配合提高教学效率。

一般而言，适宜线上呈现的单元内容一般包括事实性知识和概念性知识内容；学生提前自我预习，课前预备知识；占用课堂时间太长但学生基础差异较大的内容；学生需要重复学习的内容；课后拓展的内容等。

适宜线下呈现的课程内容包括学生自主学习遇到困难，需要重点讲解和答疑的内容；需要面对面地交流与沟通的内容；需要课堂集中讨论展示的内容；与线上课程学

---

① 杨明全，课程论［M］. 北京：清华大学出版社，2016：269.

② 黄荣怀，马丁，郑兰琴、等. 基于混合式学习的课程设计理论［J］. 电化教育研究，2009（1）：9－14.

习的互相补充的内容等。

不同类型的课程内容面向线上呈现与线下呈现的适宜性存在差异。建议第一次开发混合式课程时，先将少部分内容放到线上，再在实施过程中根据教学效果和学生反馈等进行逐步调整，通过几个学期的迭代优化，寻求最适合该课程的线上线下混合方式。

四、设计混合式课程的内容呈现方式

设计混合式课程的内容呈现方式，即为相应数字资源的建设与应用。而混合式课程数字资源按照其来源可以分为开放资源、引进资源与校本资源。其中，开放资源是指基于非商业用途，遵循资源版权要求，借助网络信息技术自由使用和修改的数字资源；引进资源是指学校以购买、接受捐赠等形式从校外引入的教学资源，包括但不限于企业为满足市场需求、契合时代发展而建设的数字资源以及教育教学 App 等；校本资源是指学校自主开发的具有自主版权的资源，包括学校自主建设或与其他学校、企业等单位合作研发的教学资源。应优先查询互联网上的开放教育资源，充分借用全球同行的智慧；其次考虑购买合适的商业化数字教育资源，确保资源品质；最后基于课程团队能力开发特色校本资源。

（一）多媒体设计的基本原则

多媒体设计既要遵循由学习理论生成的多媒体教学设计原则，又要遵循人机交互界面设计的黄金法则。

1. 多媒体教学设计原则

作为多媒体学习研究的创始人，梅耶（Richard Mayer）与其团队在过去几十年基于100 多项实验研究总结了 12 条多媒体教学设计原则，用于指导所设计的多媒体教学材料能够降低学习者的外部认知负荷、控制基本认知负荷、促进生成性学习过程。

（1）降低外部认知负荷的多媒体设计原则。降低外部认知负荷意为尽量减少学习者对无关媒体信息的认知加工。为了减少无关的多媒体信息对学习者造成的干扰，在进行多媒体设计时应遵循以下五项原则。

①一致性原则，强调不要呈现与教学目标无关的文字、图像、声音等资料，以免分散学习者对关键信息的注意力。尤其是一些为了增添课堂趣味性而插入的文本、图片、背景音等，当它们与课程内容的主题无关时，反而会适得其反、降低学习效果。

②提示性原则，强调呈现资料时可给予重要信息一些提示，从而减少学习者信息搜索的需要。例如，在讲稿中可以通过高亮、加粗、变色等方式凸显重点语句，可以通过使用不同颜色区分不同部分，还可以通过箭头、连线、手势等图标提示信息之间的联系，帮助学习者快速聚焦重点信息。

③冗余原则，强调去除重复信息。例如，当使用“动画 + 解说”的方式呈现信息时，不要再呈现与解说内容一致的文字。这是因为认知负荷理论认为人的认知储存量有限，当同时呈现动画和文字时会造成视觉通道的认知过载，而通过视觉通道加工的文字与听觉通道加工的解说内容一致，存在重复信息，因此将文字信息去掉会更有利于学习效果。需要区分的是，一致性原则与冗余原则虽然都强调去除无关信息，但前者所去除的是类似“噪声”的存在，如格式不一致的文本、无法与核心内容匹配的图片等；后者所去除的是重复信息。

④空间邻近原则，强调存在一致性的图片与文字在空间布局方面应邻近。如画面与解释该画面的文字应紧邻呈现，从而减少学习者寻找与整合信息的认知加工，减少短期信息存储的认知负荷。

⑤时间邻近原则，强调相互关联的信息在时间上应紧邻出现或同步呈现，从而方便学习者建立连贯的心理表征，减少短期信息存储的认知负荷。

（2）控制基本认知负荷的多媒体设计原则。控制基本认知负荷是指通过合理的媒体信息呈现形式与材料组合方式，帮助学习者管理基础的认知加工。基础的认知加工主要与资料信息的难度和复杂性有关，当需要呈现的资料信息过多或比较复杂时，可能造成学习者认知负荷过载现象，而这些认知负荷是掌握课程内容所必需的。为了降低这些内在认知负荷，在多媒体设计时应遵循以下三项原则。

①分块原则，是指将一个复杂任务分割为几个连续的独立片段。例如，在动画或视频中通过设置转场进行内容分隔，方便学习者把控学习节奏，避免一次性接受全部信息而造成认知负荷。

②预训练原则，是指在呈现复杂任务或全新的媒体内容时，可通过预先提供相关术语、概念等方面的解释材料，帮助学习者对复杂关键概念进行预学习。

③双通道原则，强调学习者接收信息的通道有两个——视觉通道和听觉通道。因此，在呈现多媒体资源时可以考虑将这两种信息加工通道同时激活，减少过度使用其中一种通道造成的负荷。例如，“图像 + 旁白”的方式要比“图像 + 屏幕文本”的方式效果更好。

（3）促进生成性认知过程的多媒体设计原则。生成性认知过程能够激发学习者认知的积极性，促进生成性学习过程是指通过合理安排媒体信息促进学习者积极构建对信息的理解。为了促进生成性认知加工，在多媒体设计时应遵循以下四项原则。

①个性化原则，通过对话风格呈现言语信息要优于正式文本语言，在拍摄视频时以第一人称视角的效果要优于第三人称视角，因为前者能够提升学习者的代入感、提升参与的主动性。

②声音原则，在呈现声音解说时，采用真实人声的效果要优于使用机器生成的声音。

③图像原则，在通过多媒体呈现信息时，将一个真人图像或卡通人物的图像放置在屏幕上的学习效果并不一定优于没有人物图像的屏幕效果，因为学习者的注意力可能被这些真人或卡通人物的图像所吸引，反而分散了对于学习内容的注意力。

④多媒体原则，在呈现信息时，同时使用文本和图像的方式比单独呈现文本材料的效果要好，这可能是因为前者有益于帮助学习者整合言语心理表征和图像心理表征，从而促进生成性认知加工。

2. 人机交互界面设计的黄金法则

本（Ben）等基于多年的经验和实证研究，总结了界面设计需要遵循的八大黄金法则。

（1）坚持一致性。在类似的情况下，应要求一致的行动顺序；提示、菜单和帮助屏幕中应使用相同的术语；一致的颜色、布局、大小写、字体等应该贯穿始终。只有少量的特殊情况除外，如要求确认删除命令或不响应命令等。

（2）寻求通用性。满足不同学生的需求，为可塑性和黏性而设计。考虑到新手与专家、不同年龄范围等特征，为新手添加功能，如解释；为专家添加功能，如快捷方式和更快的节奏等。

（3）提供信息反馈。对于每个行为操作，都应该有一个界面反馈。对于频繁和轻微的行为，响应可以是适度的；而对于不频繁和重大的行为，响应应该是更显著性的。

（4）通过对话框产生结束信息，动作序列应该由开始、中间和结束三个部分构成动作群组。一组动作完成时的信息反馈会避免学习者产生不确定的感觉，为他们接下来的行动提供引导，同时带来成就感。

（5）预防错误。设计界面时需要尽可能地让学习者不会犯严重的错误。例如，灰色显示不适用的菜单项，不允许在数字输入字段中出现字母字符等。如果学习者操作失误，界面应该提供简单、有建设性和具体的恢复说明。例如，如果学习者输入了无效的邮箱，就不必重新键入完整的姓名地址表，而是应该指导学习者只修复有缺陷的部分。错误的操作应该保持界面状态不变，或者界面应该给出恢复状态的指令。

（6）提供回退操作。应该尽可能地使行为是可逆的，这样可以减轻焦虑，因为学习者知道错误是可以撤销的，并且鼓励探索不熟悉的选项。可逆性行为的单元可以是单个动作、数据输入任务或一组完整的动作，如输入学号、名字信息等。

（7）用户掌握控制权。有经验的学习者强烈希望获得这样的感觉，即他们操纵界面，并且界面响应他们的动作。他们不希望在熟悉的行为中出现意外或变化，他们对烦琐的数据输入序列、难以获得必要的信息以及无法产生他们想要的结果感到恼火。

（8）减轻短期记忆负担。人类在短期记忆中处理信息的能力有限（经验法则是人们可以记住“7±2 块”的信息），这就要求界面设计者避免学习者从一个界面必须记住信息再到另一个界面使用信息。例如，手机不能重复输入手机号、网站地址应该保持可见、较长的表格应该压缩到一页来显示等。

（二）信息传播的理论基础

贝罗（Berlo）提出了信息传播过程的四要素理论，分别是信源（Source）、信息（Messages）、通道（Channel）和接收者（Receiver）。拉斯韦尔提出了“5W”模式，将信息传播过程划分为五个要素：传播者的控制分析（Who，谁）、内容分析（Say What，说什么）、媒介分析（In Which Channel，通过什么渠道）、受众分析（To Whom，对谁）、效果分析（With What Effect，取得什么效果）。基于这两种典型的传播模式，在使用多媒体资源进行信息传递时，不仅需要关注所呈现的信息内容，还要根据信息的传播者与接收者以及希望达成的效果选择传播通道，然后根据所选媒介偏向视觉、听觉、触觉、视听结合等情况，对应制作或选取图像、音频、视频、动画、虚拟仿真资源等适当的媒体资源。

陈丽、王志军和特里·安德森提出了八项学习资源交互性维度，可用于设计或选择作为信息传播媒介的多媒体资源的参考依据。

（1）可选择，通过向学习者呈现多种类型的多媒体资源以满足学习者自行选择偏好的媒体呈现方式。

（2）可控制，所提供的多媒体资源可被学习者依据自身情况自主调整，如控制资源呈现的进度、具备资源的共享权限等。

（3）可编辑，学习者可以参与学习资源的编辑与建设，资源具备开放性。

（4）可评价，学习资源的质量能够被评价。

（5）模拟会谈，媒体资料的呈现方式可融入交互场景与对话形式。

（6）自动反馈，资源可根据学习者的行为提供相应反馈信息。

（7）学习指导，主要指对课程线上内容、学习模块进行介绍性说明的学习指导手册。

（8）情境再现，是指通过多媒体资源可构建模拟情境、营造场景氛围，从而增强课程内容与现实应用场景之间的联系。

（三）混合式课程数字资源的建设

课程资源有广义和狭义之分，广义的课程资源是指一系列提供学习、支持学习和改善学习的事物的总称，它不仅包括学习内容和学习资料，还包括人、策略、方法、媒体以及环境条件等因素；狭义的课程资源是指学习内容和学习材料①。混合式课程中的数字资源属于狭义概念，是指基于网络的课程学习内容和学习材料，是经过数字化

① 王维新，张屹．远程教育原理与技术［M］．北京：北京大学出版社，2008.

处理、可以在计算机上或网络环境下运行的多媒体材料与资源①。

1. 数字资源的分类

用于教育的数字资源的范围界定非常广泛，几乎包括教育教学中使用到的所有数字化内容和材料。有研究者将常见数字教育资源的分类做了归纳总结（见表3－5）。

表3－5 数字教育资源的分类

分类出处	分类结果
教育部《教育资源建设技术规范（CELTS－41.1)》	媒体素材（文本、图片/图像、音频、视频、动画）、试题、试卷、课件案例、文献资料（图书、期刊、会议录、报告、标准、产品样本、专利学位论文、档案、政府文件）、网络课程、常见问题解答、资源目录索引
教育部《职业院校数字校园规范》	课堂与实训室数字化教学资源、数字化场馆资源和数字图书馆资源，其中，课堂与实训室数字化教学资源包括通用性基础资源和仿真实训资源。通用性基础资源分为十类——媒体素材、试题、试卷、课件、案例、文献资料、网络课程、教学工具软件（包括教学App)、常见问题解答和资源目录索引；仿真实训资源分为仿真实验软件、仿真实训软件和仿真实习软件
教育部《高等学校数字校园建设规范（试行)》	线上课程、数字化教材、实验实践资源、学术报告类资源等
教育部《国家教育资源公共服务平台教育资源审查办法（暂行)》	教学素材、教学课件、网络课程、虚拟仿真系统、教育游戏、教学案例、数字图书、数字教材、教学工具、学习网站
国家数字化学习资源中心	媒体素材（文本、图片、音频、视频、动画）、试卷/习题、课件、案例、文献资料、常见问题解答、图书、五分钟课程
国家教育资源公共服务平台（职教）	虚拟仿真、网络课程、数字教材、教学素材、教学课件、教育游戏、教学案例、数字图书、教学工具、学习网站、量规集

2. 通用性教学资源的设计与开发

根据《职业院校数字校园规范》的界定，通用性教学资源包括媒体素材、试题、试卷、课件、案例、文献资料、网络课程、教学工具软件（包括教学App)、常见问题解答和资源目录索引十类。

(1) 媒体素材。媒体素材是传播教学信息的基本材料单元，主要包括六种类型：文本类素材、图形/图像类素材、音频类素材、视频类素材、动画类素材和三维模型类素材。设计媒体素材时需要考虑以下要点。

①文本类素材中的文字信息尽可能简单明了，以免语句过长或过短造成学习者的阅读困难，尽可能地避免生僻字和难以理解的词语。在组织文本类素材时，可通过编号形式拆分文本且呈现文本信息之间的结构，重要词汇或语句可通过加粗、高亮等方

① 成秀丽．职业教育数字化教学资源研究——基于2005年—2015年文献统计分析［J］．中国电化教育，2016（8)：120－124.

式进行强调，尽可能避免屏幕中大量的文字信息。

②图形/图像类素材的用途不同，呈现的方式也要做相应的设计。例如，点缀类图片旨在吸引学习者注意力，一般放在开始或分段处；表征类图片旨在为文字类信息提供参照，辅助学习者理解文本内容；程序性图片呈现系列操作的步骤，相较文字方式能够更加简明地呈现信息；解释性图片是对复杂抽象信息的直观呈现，一般与文字信息相配合，旨在帮助学习者理解困难或抽象的文字信息；转换性图片通过提供图像帮助学习者串联或回忆事实性知识。在图文混排时需要做到图片信息内容准确，与文字互相配合，切忌呈现与所传递信息无关的图形、图像造成认知负荷①。

③视频类素材设计时应主题明确，一般一个视频对应一个主题；视频呈现形式需根据学习者特点与课程内容特征，选择是否出镜、是否呈现人像、是否呈现字幕等。视频与音频进行组合设计时，两者的内容需要围绕同一主题；配音应尽量使用清晰的普通话，速度适中；背景音乐音量不干扰讲解的声音。视频类素材设计的长度一般不宜超过 10 分钟，若超过则可适当拆分为多个视频进行呈现。具体的设计与制作方式参见书后附录中视频类素材的不同制作方式与特点。

在开发媒体素材时，可以将未数字化的文本、图像、音频、视频等媒体资料，通过一定的途径使其数字化。例如，用 Photoshop 软件编辑制作图片，用 Premiere、Audition、Camtasia Studio 等音频、视频录制软件制作声音文件或视频文件，用 3D Studio MAX、Animator Studio、Flash 等软件制作动画或三维模型等。将媒体素材上传到网络教学平台时需要注意媒体素材的组织结构、文件格式、大小（如图像是否需要压缩等）、制作难度和成本、发布时间等因素，建议教师尽量将 PPT 讲稿转成 . pdf 格式、将图片资料存储为 . jpg 或 . gif 格式、声音文件尽量采用 . mp3 格式、视频格式尽量转换为流媒体视频格式（如 . wmv、. asf 等），这样不仅可以节约媒体素材所占用的空间，也便于在网络上传输。

（2）试题。试题是测试中使用的问题、选项、正确答案、得分点和输出结果等的集合。在教学过程中，教师结合测试题的使用，可以对学生的学习效果进行过程性或结果性评价和反馈。试题的类型包含单项选择题、不定项选择题、判断题、填空题、问答题、计算题、图表题、论述题、证明题等。针对问答题、计算题、图表题、论述题、证明题等，还需要给定参考答案和可量化的评分标准。试题的设计应围绕特定教学内容（章节、课次、知识点）的教学目标，旨在对学生学习该内容的效果进行定量的评判。

（3）试卷。试卷是用于进行测试的成套试题，在课程教学中一般分为知识点试卷、单元试卷、期中考试试卷、期末考试试卷等。在试卷中要清晰说明考试要求、满分分

---

① 金慧．在线学习的理论与实践：课程设计的视角［M］．北京：清华大学出版社，2017：134.

数、每题的分数及评分标准、考试的时间限制等。为了不断迭代优化试题试卷，需要设定试题和试卷的难度与区分度。难度是指相较被试者的能力水平而言试题的困难程度，区分度是指试题对不同能力者水平区分的敏感程度。试题和试卷的设计与开发是课程建设的重要内容，网络教学平台、网络测试工具等技术系统的广泛应用，为教师开发、维护、共享数字化试题库和试卷库提供了有力支持。

（4）课件。课件是对一个或几个知识点进行呈现的多媒体材料或软件，依据使用目的的差异可分为助讲型课件（如教师使用的 PPT 讲稿等）和助学型课件（如学生学习的微视频等）。其中，助学型课件的类型主要有呈现演示型、交互学习型、操作训练型、模拟实验型、学习游戏型等。助学型课件的设计与开发要注重互动性，在呈现学习信息的同时，为学习者提供有针对性的引导、评价、反馈和指导等信息，便于促进学习者自主学习。

（5）案例。案例是为了达成特定教学目标，基于一定的事实而编写的故事。案例作为重要的学习资源用于教学过程，其中的问题可以引发学生的思考、争论、推理、决策等。案例按照媒体形式一般分为文本案例和视频案例。教学案例库的设计与开发也是课程建设的重要内容。

（6）文献资料。文献资料是指有关教育方面的政策、法规、条例、规章制度，对重大事件的记录、重要文章、书籍等。研究型教学的开展需要学生依据某个选题进行自主的探究，教师为引导其更有针对性地深入研究某个领域，为学生提供经典的、重要的、相关的文献资料，提高学生探究学习的效率。选用和开发此类资源时需要考虑材料的文件格式、文件大小（是否需要压缩）等。

（7）网络课程。网络课程是通过网络表现的教学内容及实施的教学活动的总和，包括两个组成部分：按一定的教学目标、教学策略组织起来的教学内容和网络教学支撑环境。网络课程包括网络辅助课程、混合课程和在线课程三种形态。在线课程又有大规模开放在线课程（MOOCs）、小范围开放在线课程（SPOCs）等形式。从应用视角出发，1 + X 证书网络课程所涉及的活页式教材、专业教学资源库等数字资源亦包括在内。

（8）教学工具软件。教学工具软件是基于 PC 和移动终端（包括手机）开发的支持学习、教学和管理的小工具、小软件。基于手机等移动终端的教学工具软件表现形式为各种 App，如翻译词典、思维导图工具、图像编辑工具、视频编辑工具、数学公式编辑工具、课件制作工具、几何画板、数学建模与仿真工具、基于物联网的信息采集工具、智能型交互学习与实验工具等。教学工具软件的设计与开发往往需要专业的技术开发团队，因而通常的做法是通过网络获取开放的教学工具软件或者购买来配套课程教学使用。

（9）常见问题解答。常见问题解答是围绕某门课程学习最常出现的问题给出的答案。在教学实践中不断总结归纳学生学习中高频次出现的问题，借助网络教学平台等技术系统构建常见问题解答库，为学生提供自动的答疑服务，还可以提高面向学生的答疑及时性减轻教师的重复工作量。除了课程内容方面的常见问题外，在混合式课程的在线学习部分，经常会出现技术使用、学习迷航等方面的问题，这些问题都可以归入常见问题解答库中。

（10）资源目录索引。资源目录索引是列出某一领域中相关的网络资源地址链接和非网络资源的索引。在为学生提供资源目录索引时，不仅需要考虑资源的丰富程度，还需要有良好的结构化和组织性，呈现清楚的资料简要介绍及使用说明。

3. 实验实训实习资源的设计与开发

应用于课程实践环节的数字化教学资源称为仿真实训资源，按照实践环节可分为仿真实验软件、仿真实训软件与仿真实习软件。

（1）仿真实验软件。仿真实验软件是指将多媒体技术应用于实验环节中，以期达到观察现象、学会方法、自主操作的效果，其主要教学目的是验证理论、巩固知识、培养兴趣以及培养分析问题与解决问题的能力。仿真实验软件支持学生对实验室环境，包括工具、设备和实验仪器进行认知；软件的技术实现以多媒体为主，使实验对象变静为动变平面为立体，变抽象的符号、图纸、文字为具有真实感的三维实物；软件的实验项目依据课程大纲要求，设置实验目的、实验原理、实验设备、能力考核等模块；软件功能支持现象演示、交互操作、自主设计等。

（2）仿真实训软件。仿真实训软件是指应用于职业技能训练过程的软件，以期达到熟悉操作、技能养成的目的。仿真实训软件支持学生对实训环境，包括工具、设备、实训场所、企业生产流程与数据进行认知；软件的实现以两维动画、三维可视化控制技术与三维建模渲染为主，使用基于计算机技术、仿真技术和人工智能技术的虚拟现实技术，注重交互性；软件的实训项目针对专业/工种的核心技能而设计，根据训练核心技能的需要，设置若干个任务、模块（单元），按照技能点层层展开；软件设计贯彻项目引领、任务驱动的理念，注重工作过程与操作步骤，支持学生反复训练，以达到技能养成的目的；软件功能支持实训的导训过程，达到预习、强化、模拟考核、反复试错、探索创新的目的；在设计软件时需要考虑仿真实训的时间、成本等因素，提出成本效益的评价报告。

（3）仿真实习软件。仿真实习软件是指用于生产性实习中的仿真软件，主要目的是缓解下厂实习难的问题。仿真实习软件支持学生对真实的生产环境，包括对工具、设备、生产环境、企业生产流程与数据进行认知；软件一般针对一个或若干个工种（岗位）的职业技能而设计，具有职业性与技能性；软件的实习项目来自实际生产活动，通过学生自主的反复标准化训练，达到熟练掌握职业技能的目的，同时达到规范化操作和安全生产的要求；为了提升沉浸感和互动性，软件在实现技术上需要采用三维可视化、VR/AR 等，在系统设计、教学设计与制作时不仅要有教学专家的参与，更要有现场工程师的参与；在设计软件时需要考虑仿真实习的时间、成本等因素，提出成本效益的评价报告。

4. 数字化场馆资源的设计与开发

数字化场馆是实体场馆环境与虚拟网络信息资源的融合，是典型的虚实融合环境。虚实融合的数字化场馆既能满足参观者的真实感受，也能提高参观者的学习互动和社会参与，还能满足参观者的交流需求。数字化场馆资源主要包括职业体验馆、数字博物馆、数字艺术馆、数字科技馆等。

（1）职业体验馆。职业体验馆是指为学生提供亲身参与、亲身感悟各种职业全过程的在线体验馆。职业体验馆一般采用企业行业构建、院校引入应用的模式。职业体验馆的体验过程需要符合职业过程的真实性，学生通过体验可习得规范的操作章程，熟悉真实的制作工艺，养成良好的职业操守；体验过程必须完整，允许学生按照生产者实际从事生产活动的流程推进该过程，得到确定的体验结果；关注新技术、新工艺、新生产、新岗位和新流程的体验。

（2）数字博物馆。数字博物馆是运用多媒体技术、网络技术和虚拟现实技术，将实体博物馆的功能以数字化方式完整呈现在互联网上的博物馆。数字博物馆一般采用社会构建、院校引入应用的模式。数字博物馆提供泛在设备的接口和个性化界面；允许用户从虚拟博物馆收集内容信息，并存储到个人博物馆空间；能通过上下文语境感知，为用户推送相关资源；能为用户提供较高的参与度，如操作、旋转、移动对象，能组装和拆卸具体的展品，但不会破坏博物馆虚拟展品所蕴含的知识和文化。

（3）数字艺术馆。数字艺术馆是利用数字技术完美再现艺术作品，同时向观众展示和介绍如何运用现代信息技术创造出数字艺术作品的场馆。数字艺术馆一般采用行业和社会构建、院校引入应用的模式。数字艺术馆利用多媒体、虚拟现实等技术展示数字艺术的发展历史、重要里程碑事件、数字艺术的各项成果，以及未来发展方向；允许用户体验最新的数字艺术设备，布置最新和具有代表性的数字设备，进行数字媒体的体验、互动；展示各种艺术作品如名画，播放普通、三维（3D）、四维（4D）等影视作品及动画；具有艺术作品查询功能，并能对查询结果进行展示。

（4）数字科技馆。数字科技馆是运用计算机网络技术、多媒体技术、虚拟现实技术将科技知识和技术以数字方式展现出来，构成的一个虚拟的科技馆。数字科技馆一般采用社会构建、院校引入应用的模式。数字科技馆展示某个职业或专业领域的技术发展历程、主要的技术发明和标志性人物，展示技术的奥妙、神奇和威力，揭示技术对变革人们的生活方式和工作方式、推动社会进步、引领未来的巨大作用，激发学生对技术的热爱；传播技术知识，展示技术专家在技术发明过程中体现的技术思维、技术思想和技术方法；按照技术知识点或重要技术发明的方式组织内容，有清晰的知识脉络、完整的技术体系。

5. 数字资源库的建设与共享

（1）数字资源库建设的注意事项。数字资源库的建设是丰富课程资源、促进优质资源共建共享的重要途径①。数字资源库的核心功能定位在于“能学、辅教”，既能够促进学习者通过自主使用资源库实现自主化、个性化学习，又能够为教师提供灵活组织课程内容、辅助教学实施过程的功能。具体建设过程中需注意以下事项。

①注重资源建设的完备性。资源内容尽量涵盖专业核心课程的主要知识点与技能点，同时需要考虑围绕同一知识点的资源类型与数量，即对于同一知识点既可构建不同类型的资源素材，又可避免类似传播效果的资源类型重复造成资源库信息冗余。

②系统性视角关注资源之间、资源与课程内容之间的层次。围绕一个知识点需要形成层次清晰的高质量资源素材，同时也要注意资源之间可能存在的关联，资源库中的不同资源组件可灵活组合为不同的教学单元，依据网络实现资源的集成与迁移。

③注重资源建设质量，提升资源素材品质。已有研究发现当前教学资源建设陷入只关注建设数量而实际应用率较低的怪圈，究其原因在于所建资源品质较低，导致部分资源库面临重建问题②③，因此提升资源库中的资源质量是首要关注的问题。

④院校之间、院校与企业之间可通过形成相关共建共享标准和机制，统一规划优质资源库共建共享。

（2）数字资源库建设的要点。数字资源库的建设应以专业（群）为单元，既可涵盖专业核心课程的主要知识点与技能点，又能避免课程之间资源的重复建设问题。具体建设工作从以下五个方面展开。

①确定资源库架构。资源库架构应当包括专业（群）架构、岗位群与职业标准、专业（群）课程体系、课程分类资源，包括媒体素材资源、课件、试题/试卷、案例等。

②调研专业需求，统一规划部署。根据专业特点和课程教学需求，充分调研数字资源的需求，统一规划建设。

③选择资源库建设形态。结合专业特点与需求，以“涵盖多门课程、应用效果优良、惠及行业企业用户”为目标，满足混合式教学需要，促进自主、泛在、个性化学习，实现特色教学资源的产、学、研一体化。

---

① 李漪，基于“互联网＋”的职业院校教学资源库建设探讨［J］. 职业技术教育，2018，39（26）：46－49.

② 张芬香．“互联网＋”背景下职业教育教学资源库建设及其应用［J］. 职业技术教育，2017，38（8）：63－66.

③ 成军．职业教育专业教学资源库的功能定位及其实现路径［J］. 中国高教研究，2016（10）：107－110.

④选择资源建设方式。首先考虑免费引用全国和全球的优质开放教育资源，其次购置适配的资源，最后开发适合自身专业的资源。

⑤组建资源协同开发团队。一般包括专业教学团队或课程教学团队、专门的教学管理团队、专业化教育技术研发与制作团队。

（3）数字资源库的共享与应用。数字资源库的共享与应用是其可持续发展的基础和标志，可以从以下三个方面推进。

①确定共享资源的统一标准与交流平台。确定专业群内统一的共享资源建设标准，方便资源调用无缝衔接；遵循开放许可协议，保障资源建设者版权，提升资源使用者的便利性；打破壁垒，确保校内联动机制和校际协同工作顺畅开展；搭建校企合作的资源共享平台，基于专业特点与产业需求促成学校专业与对口产业/企业达成协作。

②建立健全共享资源的管理制度。制定相关的考核、评价、激励机制，对资源开发质量、共享成效进行考评，并依据成果贡献等级与一系列政策激励保障机制挂钩，从根本上调动和提高参与主体的主观积极性，确保数字资源的质量，延长共享过程的生命周期，促进数字资源共享的可持续发展。

③实现数字资源推送。数字资源共享平台和网络教学平台无缝对接，针对相关专业师生进行个性化推送，促进基于网络的协同备课、协同学习。

（四）开放教育资源的发展与应用

开放教育资源（Open Educational Resources，OERs）这一术语首次是在联合国教科文组织（UNESCO）于 2002 年举行的“开放课件对于发展中国家高等教育的影响论坛”上被提出的，当时被定义为“通过信息通信技术，提供给非商业化目的使用者，可以进行讨论、使用和改编的开放性教育资源”。

1. 开放教育资源的发展

世界高等教育领域首次基于网络进行大规模的教育资源自由开放共享的实践，是 2001 年美国麻省理工学院在全球率先启动的开放课件项目，将学校的课程教学材料（如课程大纲、教学课件、课后作业和试卷等相关教学资源）通过互联网向全球免费开放。从此开放教育资源引起了联合国教科文组织的持续关注与休利特基金会的大力资助支持，推动了开放教育资源运动的发展。

国内开放教育资源的发展是以政府为主导的，并经历了以下四个发展阶段。

（1）第一阶段：2003 年教育部下发《教育部关于启动高等学校教学质量与教学改革工程精品课程建设工作的通知》，决定在全国高等学校（包括高职高专院校）中启动高等学校教学质量与教学改革工程精品课程建设工作，由政府作为主导，高校作为参与主体，形成“国家、省市、校级”三级精品课程体系，促进全国范围内教学资源的整合与共享。同年印发《国家精品课程建设工作实施办法》，对申报方式、评审方式、运行管理、经费支持等作出规定，以保证国家精品课程建设的顺利实施和可持续发展。

（2）第二阶段：2010 年 5 月，教育部出台《关于开展高等职业教育专业教学资源库 2010 年度项目申报工作的通知》，正式启动高等职业教育专业教学资源库建设项目，推动优质教学资源共建共享。2011 年 10 月，教育部出台《教育部关于国家精品开放课程建设的实施意见》，大力推进"十二五"期间精品视频公开课与精品资源共享课的建设，为加强我国优质教育资源开发和普及共享提供了政策性支持，旨在进一步提高高等教育质量，推进学习型社会的建设。教育部在 2012 年发布《关于开展 2012 年度精品视频公开课推荐工作的通知》《精品资源共享课建设工作实施办法》等系列通知文件，明确精品视频公开课与精品资源共享课建设的目标、任务及要求，保证精品视频公开课、精品资源共享课建设工作的顺利实施。

（3）第三阶段：2015 年，教育部出台《教育部关于加强高等学校在线开放课程建设应用与管理的意见》，旨在主动适应学习者个性化发展和多样化终身学习需求，立足国情建设在线开放课程和公共服务平台，加强课程建设与公共服务平台运行监管，推动信息技术与教育教学深度融合，促进优质教育资源应用与共享。2016 年，《教育部高等教育司关于举办"在线开放课程建设与应用管理培训班"的通知》下发，提高了我国高校在线开放课程建设和教学管理创新水平。

（4）第四阶段：2019 年，教育部出台《教育部关于一流本科课程建设的实施意见》，并开始实行一流本科课程"双万计划"，分五大类型推动一流本科课程的推荐与认定工作，包括线上一流课程、线下一流课程、线上线下混合式一流课程、虚拟仿真实验教学一流课程与社会实践一流课程，旨在形成中国特色、世界水平的一流本科课程体系，构建更高水平人才培养体系。

2. 开放教育资源的应用

（1）开放教育资源的应用原则。《职业院校数字校园规范》提出应用开放教育资源时应遵循以下三个基本原则。

①对内容的正确性、准确性、时效性、全面性、有效性及对教学的支持性进行科学判断。

②对开放资源进行有目的的再加工，使之完全符合教学需求。

③版权清晰、来源明确。

（2）开放教育资源的应用方式。开放教育资源有以下五种应用方式①。

①保留，即制作、拥有和控制资料副本的权利（如下载、复制、保存和管理自有的副本等）。

②复用，以广泛的方式使用内容的权利（如课堂、学习小组、网站、视频等）。

---

① David Wiley. 陈强. 开放教育资源的演化：走向教育核心价值［J］. 中国教育网络，2017（7）：26－29.

③修订，改编、调整、修改或变更内容本身的权利（如将内容翻译为另一种语言等）。

④混合，将原始的或修订过的内容与其他开放内容相组合而创造一些新事物的权利（如将内容组合为混搭形式等）。

⑤分发，共享原始内容、修订过版本或与其他开放内容混合的副本的权利（如将内容副本给朋友或者是在互联网上发布等）。

（3）引进教育资源的实施原则。《职业院校数字校园规范》提出了课程团队或院校专业建设团队引进教学资源时需要遵循以下四项原则。

①确认是否存在开放性资源。

②联合相关院校，实施联合引进，以降低引进成本。

③将引进资源计划纳入院校课程资源建设整体规划，防止盲目引进、跟风引进。

④从实际需求出发，有效利用资金，优先引进解决教学中进不去、看不见、动不了和高危险、高耗能、高污染难题的实践性教学资源。

五、混合式课程的评价方案

评价是对客体满足主体需要程度的价值判断。① 教育评价是保障教育教学有效开展的关键因素，它是对教育过程和结果的描述和价值判断②，在全面、真实、系统、科学地收集、整理、处理信息的基础上，旨在为决策提供有用信息，促进教育改革，提高教育质量。课程评价是“系统地运用科学方法，对课程的过程和产物，收集信息资料并做出价值判断的过程”③。混合式课程评价是对基于虚实融合教学空间的课程方案、课程实施过程及结果的描述与价值判断。规范和指导高职院校混合式课程的质量评价，有助于促进高职院校混合式课程的高质量开发。

（一）课程评价的分析框架

钟启泉认为，就整个社会科学而言，课程评价属于方案评价的范畴。方案评价是系统地运用科学方法，对方案的设计、实施、改善或结果等，收集信息资料，并做出价值判断的过程。罗恩·奥斯顿（Ron Owston）提出，方案评价应该包括以下五个要素。

（1）评价目的（Purpose）。一般包括六个方面，即实现方案的目标和目的、改善方案、认证方案质量、形成干预理论、满足不同服务对象的信息需求以及评价方案的

---

① 陈玉琨．教育评价学［M］．北京：人民教育出版社，1998.

② 李雁冰．论教育评价专业化［J］．教育研究，2013（10）：121－126.

③ 钟启泉．课程论［M］．北京：教育科学出版社，2007：299.

总体影响。

（2）评价反馈对象（Audience）。评价反馈对象就是评价结果的接收者，在大学环境中，可能是课程教师、教学委员会成员、教学管理人员、教师发展支持人员等；在中小学环境中，可能是教师、学校管理者、家长和地区教育管理者等。评价者应该对课程评价反馈对象的需求相对重要性作出判断。

（3）评价方式（Evaluation Design）。可以分为两种，即实验方法和定性方法。如果想要获得课程有效的证据，则可能需要使用实验方法；实验方法又进一步分为随机实验方法和非随机实验方法；使用随机分配的实验方法需要满足一定的数量要求，同时可能需要很高的成本。如果想要获得课程改进的信息，则可能需要使用定性方法。定性与定量相结合的方法现在越来越常见。

（4）数据来源（Data Sources）。一般至少包括学生成绩、其他指标的学业进展、网络日志文件、访谈、问卷等。

（5）发布评价结果（Dissemination Strategies）。评价者应该对评价方案和方法进行详细的解释，以确保他人能够理解评价过程；同时，需明确说明该评价存在的局限性。此外，评价者与评价结果相关人员必须在评价过程中进行沟通，沟通进程包括正式或非正式的进展报告。

上述分析框架较为系统地阐述了方案评价的分析流程，但是并未提及评价主体、评价对象等关键内容。

David Nevo 提出了更加全面的教育评价分析框架，包括以下十个维度。

（1）评价的定义（Definition）。教育评价是对教育对象的系统描述和（或）对其优点或价值的评估。

（2）评价的功能（Function）。教育评价可以服务于四种不同的功能：①形成性（为了提高）；②总结性（用于选择和问责）；③社会政治（动员和获得公众支持）；④行政（行使权力）。

（3）评价的对象（Object）。任何实体都可以是评估对象。教育中典型的评价对象是学生、教学和行政人员、课程、教材、方案、项目和机构。

（4）应该调查的变量（Variables）。围绕每个评价对象，关注四组调查变量：评价对象的目标、它的战略和规划、它的实施过程、它的结果和影响。

（5）评价的标准（Criteria）。可能的评价标准包括：响应实际和潜在客户的需求，实现国家目标、理想或社会价值，达到预定的标准和规范，超越替代目标，实现客户的（重要）既定目标。在实际评价过程中可以使用多个标准。

（6）评价的服务对象（Audience）。评价应服务于对评价对象感兴趣的所有实际和潜在的群体（利益相关者）的信息需求。评价者有责任界定评价的利益相关者并确定或预测他们的信息需求。

（7）评价的过程（Process）。无论采用何种调查方法，评价过程都应包括三项活动：聚焦评价问题，收集和分析实证数据，向评价的服务对象传达调查结果。实施这些活动的顺序不止一种，并且在评价研究的整个生命周期中，上述活动形成的评价循环都可以（有时应该）重复。

（8）调查的方法（Methods of Inquiry）。作为一项复杂的任务，评价需要从行为科学和相关研究领域中尝试选择不同的调查方法，并根据特定评价问题的性质加以确定，不可以依据评价者的偏好选择特定的调查方法。

（9）评价者的特征（Evaluator）。评价应由拥有以下能力的个人或团队来实施：在研究方法和其他数据分析技术方面具有相关能力，了解社会背景和评价对象的独特本质，保持恰当的人际关系并与参与评价的个人和团体建立融洽关系的能力，具有整合上述能力的概念框架。

（10）对评价进行评价的标准（Standards）。评价应该在四个方面取得平衡：效用性（有用和实用）、准确性（技术上精准）、可行性（要实事求是、慎重）、适当性（以合法和合乎道德的方式进行）。

基于 David Nevo 的教育评价分析框架，钟启泉提出了课程评价的分析框架，包括十个方面：课程评价的含义、课程评价的对象、课程评价的功能、课程评价的服务对象、课程评价的主体、课程评价的资料收集、课程评价的价值判断、课程评价的过程、课程评价的方法、课程评价的元评价。此后，也有其他学者在此基础上综合罗恩·奥斯顿的研究，提出了各具特色的课程评价框架，丰富了该领域的理论研究。

（二）课程评价的主要模式

课程评价模式是指在一定的评价理论、价值观念的指导下，对课程评价的各个要素所做出的整体性的说明和规定。“课程评价模式是评价理论与评价实践的中间桥梁，对评价工作起到了直接的指导作用。”①

1. 线下课程的评价模式

课程评价模式种类多样，在不同的发展时期都产生了典型的评价模式。追溯课程评价所经历的测量、描述、判断、建构四个时期，对应典型的课程评价模式为行为目标模式（泰勒模式）、CIPP 模式（决策导向评价模式）、目标游离模式、应答模式与共同建构模式，分别呈现出不同时期的价值取向——科学取向、管理取向、人类学取向、参与取向。

（1）行为目标模式（Objectives-oriented Evaluation Model）。此模式由泰勒（Ralph W. Tyler）提出，以教育目标作为评价的起点与核心，要求通过测量手段判断结果与预期目标的达成度，因此也被称为目标参照评价，强调陈述要求达成的行为、行为发生

---

① 钟启泉．课程论［M］．北京：教育科学出版社，2007.

的条件和行为需要达到的标准从而界定教育目标，注重绝对的目标达成情况。其基本步骤为确定教育目标、设计评价情境、编制和选择评价工具、分析评价结果。

（2）CIPP 评价模式。此模式由美国著名教育评价专家斯塔弗尔毕姆（Stufflebeam）提出，包含背景评价（Context Evaluation）、投入评价（Input Evaluation）、过程评价（Process Evaluation）和结果评价（Product Evaluation）。该模式认为评价不是为了证明，而是为了改进，强调评价是为决策提供有用信息的过程，注重评价方案实施过程的信息收集及形成性评价①。

（3）目标游离模式（Goal-Free Evaluation）。此模式由斯克里芬（Scriven）提出，该模式不同于泰勒模式基于既定的教育目标，是在无目标状态下，采用广泛的质性研究方法收集非预期效应，从而使评价不仅关注于预期目标，还使所得的评价结论更加全面②。

（4）应答模式（Responsive Evaluation）与共同建构模式。这种两种模式均与第四代评估理论相对应，强调对多方利益相关者、推动者的回应，强调多方建构与协商、逐步达成共识。应答模式由斯塔克（Stake）提出，以所有与教育方案有切身利益关系的人所提出的问题作为评价的先导，通过评价者与相关人员的不断对话，寻求满足各方参与者需要的应答。共同建构模式由古巴（Guba）和林肯（Lincoln）提出，将评价流程拆解为 12 个相互联系的步骤，强调民主协商，形成“回应—协商—共识”的评价思路③。

虽然课程评价模式多样，但当前接受度较高的仍旧是泰勒的行为目标模式与斯塔弗尔毕姆的 CIPP 评价模式。整体而言，行为目标模式过分强调目标的测量结果而忽视了教学的其他信息；后续的目标游离模式、应答模式、共同建构模式等强调自然主义方法，具体实施操作时难度较高。CIPP 评价模式虽然也存在实施流程复杂以及需要人力、物力、财力支撑的挑战，但对于高校而言，基本可以满足这些支持条件的需求，且具备发展性评价取向、可形成系统规范流程的优势，后续研究者也常常基于 CIPP 评价模式构建适用于具体情境的评价框架。

2. 线上课程的评价模式

张伟远基于 CIPP 评价模式，提出 PDPP 线上课程评价模式，包含计划评价（Planning Evaluation）、开发评价（Development Evaluation）、过程评价（Process Evaluation）和成效评价（Product Evaluation）四个部分。

---

① 卢立涛．测量、描述、判断与建构——四代教育评价理论述评［J］．教育测量与评价（理论版），2009（3）：4－7，17.

② 辛涛，李雪燕．教育评价理论与实践的新进展［J］．清华大学教育研究，2005（6）：38－43.

③ 蔡晓良，庄穆．国外教育评价模式演进及启示［J］．高教发展与评估，2013，29（2）：37－44，105－106.

基于 PDPP 模式的评价包括线上课程开发前的市场分析、财务分析与可行性分析，计划评价阶段可通过撰写课程计划书的方式，由学校相关部门进行评估讨论，以确定该课程在专业层面与经济效益角度是否具有开设价值以及是否适用于线上教学模式。开发评价阶段面向课程开发的各组成部分，需通过计划评价后方进入此阶段，多由学校主管人员与课程专家共同审核。过程评价阶段面向线上教学实施过程的各个阶段，可通过三条途径分析：学生的学习体验及反馈意见、教师的教学反馈、教学主管观摩线上教学活动。成效评价是面向学生满意度、教学成效、学习成效、其他成效以及课程可持续性（如良好的课程声誉）的分析，以问卷、测试等定量方式为主，辅以学生的反馈、评论。

3. 混合式课程的评价模式

混合式教学情境下，课程的教学分为线上和线下两个部分，评价手段既包括问卷调查、电话调查、访谈、课堂观察、实验、纸笔考试等传统评价手段，也可通过线上评价、动态跟踪、状态监测、教师电子档案袋、学生电子档案袋、线上考试等电子评价手段，评价内容也更加多元化，学习者行为、学习资源使用情况等均可通过线上数据进行跟踪监测，呈现出多层次、多维度、过程化、综合性、大数据源的评价特点。

研究团队面向混合式课程“设计—开发—过程—结果”全过程，构建了 DDPP 混合式课程评价模式。

（1）设计阶段的评价。本阶段发生在混合式课程教学活动之前，是对课程教学方案、教学设计单等教学准备情况的评价，旨在依据教师所提供的教学设计方案判断混合式课程是否具备开发价值。设计阶段评价的服务对象是教师，由教学督导和同行教师评价教师预备开设的混合式课程目的、对教学对象的学情分析情况（如教学对象的特点、是否具备混合学习的设备、相关先验信息等）、教师自身的教学准备情况（如是否具备开展混合式教学的相关设备、混合式教学的技术操作能力等）以及教学设计方案的可行性（如线上和线下部分的衔接情况等），评价结果反馈给授课教师，方便教师有针对性地优化教学设计，调整教学活动。教师也可通过对上述四个方面指标进行自我评估与反思，从而进行教学设计的优化与调整。

（2）开发阶段的评价。本阶段发生在混合式课程教学活动之前，主要关注混合式课程网站建设情况及支撑其运行的网络教学平台功能。开发阶段评价的服务对象是教师和技术支持部门，教学督导评估课程网站上数字教学资源和线上教学活动对教学目标的支撑度，以及所选用的网络教学平台的功能（如对教学活动的支持程度）和性能（如界面感受、运行顺畅程度等）。上述评价结果反馈给授课教师，以便教师优化混合式课程线上部分的设计、及时调整平台与相关软件，同时反馈给技术支持部门，以便其进一步优化平台的功能和性能。教师也可通过对上述指标进行自我评估与反思，从而对混合式课程网站内容进行优化与调整。

（3）过程阶段的评价。本阶段发生在混合式课程教学过程中，具备过程性、动态性特点。在教学过程中定期开展教学评价，及时反馈评价结果，旨在帮助教师及教学管理人员及时了解混合式教学的各阶段效果，如导学情况、交互情况、线上教学部分的学习支持情况及学生学习参与情况，进而促进教师及时调整教学活动、优化混合式教学策略、合理安排线上与线下的任务分配。过程阶段的评价可通过多种方式开展，如学生通过讨论区、问卷等方式进行教学评价，表达整体学习感受；教师通过填写问卷进行自我报告的方式，进行反思与阶段性教学效果评价；教学督导可通过网络数据分析、课堂观察等多种方式对教学过程进行评价。评价结果反馈给教师、所属院系和教学管理部门，便于院系开展教学研讨以及教师有针对性地作出教学调整。

（4）结果阶段的评价。本阶段发生在混合式课程教学结束阶段，旨在对一个学期教学效果进行终结性评估。结果评价可通过四种方式进行：教师通过测试等方式评价学生的学习效果，具体测试形式依据课程类型，既可采用纸笔测试测量学生知识习得效果，也可通过提交作品、撰写项目报告书等方式呈现学生的习得结果；前述测试方式所测得的学业表现更多聚焦于学生的知识和技能掌握情况，若所评价的课程为实操类课程，教师可通过设置特定的工作场景，观测学生将所学知识与技能应用于模拟场景或真实工作场景的表现；学生通过填写调研问卷反馈对混合式课程的满意度与感受；教师通过问卷进行自我反思，报告关于混合式课程教学的自我满意度。此阶段包含学生和教师两类评估对象，最终目的旨在整合外在学业表现、工作场景表现与内在心理感知、教的成效与学的成效等多方信息，为教学管理部门与院系评定教师整个学期的教学效果提供依据；上述评价结果也反馈给教师，方便教师对本学期整体教学情况进行反思，以便不断优化混合式课程。

混合式课程评价具备过程性特点，不仅聚焦于教学的终结性效果评价与质量认定，还需要具备导向与调节的功能，在日常教学过程中开展诊断性评价，支持教师及时调整教学策略与教学行为，实现以评促教、以评促管的目的。

（三）课程的评价标准及指标

1. 线上课程的评价标准及指标

评价标准是“对所评价对象的功效的数量和质量进行价值判断的准则和尺度”。①课程评价标准具备两个要素，即指标体系和评价基准。评价指标体系是评价目标的具体化，而评价基准则是区分被评价对象不同表现水平的临界点。设计评价指标体系一般是采用逐层分解评价目标的方法来构成一个由高层到低层、彼此独立、具体可测的树状指标体系。②

① 顾明远. 教育大辞典（增订合编本）[M]. 上海：上海教育出版社，1988.

② 刘守杰. 高等师范院校双语教学问题及对策 [D]. 大连：东北师范大学，2006.

国外有多项具有一定影响力与认可度的线上课程评价标准。例如，美国培训与发展协会发布的在线学习的认证标准（E-Learning Certification Standards）、美国密歇根虚拟大学开发的优质线上课程标准（Standards For Quality Online courses）。国内主要有国家精品课程（网络教育）评审指标体系、《网络课程评价规范（CETLS-22）》《网络课程课件质量认证标准》和 EduTools 的线上课程评价工程（online course evaluation project OCEP）。上述六种评价标准均为总结性评价。

2. 混合式课程的评价指标

评价指标是对评价目标的一个方面的规定，是具体的、可测量的、行为化和操作化的目标。评价工具是“评价活动中收集信息资料、反馈数据的具体手段”，通常根据评价的目的、对象和阶段，选用相应的工具。①

依据“设计—开发—过程—结果”构建了 DDPP 混合式课程评价模式，包含四个评价阶段（设计评价、开发评价、过程评价、结果评价），提出了 18 项评价指标及观测点（见表 3 – 6）。

表 3 – 6　DDPP 混合式课程评价模式的指标及观测点

评价阶段	评价指标	观测点
设计阶段的评价	课程目的	课程整体教学目的与各章节教学目标描述清晰，具备科学性与可行性，兼顾学生学业发展、技能培养与价值塑造
	学情分析	（1）教师须客观分析学生的特点； （2）教师须清楚描述本课程需要具备的前期知识与技能并分析学生的储备情况； （3）教师须调研学生的在线学习设备对本课程线上教学活动需求的支持情况
	教学准备	（1）教师的在线教学技术操作能力应满足混合式教学线上活动的需求； （2）教师的在线教学相关设备应满足课程的教学活动需求
	教学设计	（1）教师的教学设计中关于线上与线下活动应衔接自然，各部分活动安排恰当； （2）教师的教学设计文档中应清楚包含以下内容：①课程概括介绍；②课程重点、难点、特点；③课程参考书目；④教学进度安排（包含各章节的授课周次及重要教学活动的时间节点）；⑤课程基本内容；⑥学习目标；⑦教学要求；⑧考察方式

① 顾明远．教育大辞典（增订合编本）［M］．上海：上海教育出版社，1988.

续表

评价阶段	评价指标	观测点
开发阶段的评价	网络平台运行	应保障网络平台运行畅通
	课程界面设计	网络平台中课程界面功能分区合理，设计自然协调，具备美观性
	学习资源	（1）能够提供与课程相关的丰富教学资源； （2）教学资源的来源途径正规，教学资源使用与传输过程遵守版权要求
	交互功能	所选用的教学平台应具备支持师生同步或异步交流的功能，或选用支持师生进行交流的直播软件或通信软件
	考核功能	所选用的平台应具备支持在线测试的功能，方便根据后台记录的数据对学习情况进行监管与分析
过程阶段的评价	导学过程	能够向学生清晰呈现导学信息，能对如何学好本课程和课程的章节给出指导性意见，如本单元学习目标、重点、难点、特点、学习材料和具体的学习方法
	学习支持	（1）所选用的平台与软件的功能能够支持课程教学活动； （2）所选用的教学资源能够满足教学需求
	学习互动	教学过程中应注重师生之间的交流，教师应引导学生与学习内容之间互动、学生与教师之间互动、学生与学生之间互动
	过程考核	通过学生的过程性考核结果，体现教师的阶段性课堂教学效果
结果阶段的评价	学习投入	通过学生的学习投入情况，体现教师的阶段性课堂教学效果
	学业表现	学生期末考核达标情况，包括在线测试、提交作品、纸笔考试等
	工作场景表现（可选）	学生在模拟工作场景中的技能表现情况
	学生满意度	学生报告的关于教学满意度的问卷反馈情况
	教师满意度	教师自我报告的关于教学满意度的问卷反馈情况

第四章　混合式教学的主要模式与教学设计

第一节　混合式教学的主要模式

混合式教学本身就是一种宏观的模式，这种模式具有非常丰富的表现形式。本书在此主要介绍三大类的混合式教学模式。

一、升级版的传统教学模式

升级版的传统教学模式有两个有代表性的教学模式，分别是“对分课堂”教学模式和“雨课堂”智慧教学模式。这两种教学模式具有两个共同的特点：一是它们都是以线下教学为主要的教学方式，二是它们在教学过程中都用到了线上教学管理软件系统。需要说明的是，这里介绍的是两种模式的“信息化基础版”，但是这两种教学模式本身也都具有“信息化增强版”，可以部分或者完全地实现翻转课堂教学。分类研究的目的不在于分类本身，而在于对事物认识的深化。

（一）“对分课堂”教学模式

首先介绍“信息化基础版”的“对分课堂”教学模式。传统教学包括教师课堂讲授和学生课后学习两个分离的过程，师生交互较少，学生被动接受，主动性低，难以培养思维能力和探索精神。讨论式教学通过课堂讨论引发学生主动学习的动力，提高学习积极性，方向是正确的。然而课堂大部分时间用于讨论，讲授过少，不能充分发挥教师价值，而且具体的实施方法也不适合我国学生的现实情况。加上采用即时讨论，缺乏内化吸收过程，讨论效果很难保证。

结合传统课堂与讨论式课堂各自的优势，进行取舍折中，提出了一个新的课堂教学模式，称为“对分课堂”。“对分课堂”的核心理念是把一半的课堂时间分配给教师进行讲授，另一半分配给学生以讨论的形式进行交互式学习。与传统课堂类似的是，

“对分课堂”强调先教后学，教师讲授在先，学生学习在后。与讨论式课堂类似的是，“对分课堂”强调生生互动、师生互动，鼓励自主性学习。“对分课堂”的创新关键在于把讲授和讨论错开，让学生有一定自主安排学习的时间，进行个性化的内化吸收。“对分课堂”在时间上把教学清晰地分离成三个过程，分别为讲授（Presentation）、内化吸收（Assimilation）和讨论（Discussion），因此也可简称为PAD课堂。

“对分课堂”还可以继续分为“隔堂对分”和“当堂对分”两种形式。本节课讨论上节课的内容，这是“隔堂对分”教学最核心的特点，称为隔堂讨论。隔堂讨论的三个阶段可以更细地分为五个环节，分别为讲授、独立思考、独立作业、小组讨论和全班交流。

在讲授环节，教师基本不向学生提问，也不组织讨论，通过单向讲授，介绍教学内容的框架、重点和难点，不覆盖细节。在讲授和小组讨论两个环节之间，学生有一周的时间阅读教材、完成作业，根据个人的兴趣、能力、需求，在自己最合适的时间，以最适宜自己的方式方法，深入理解，进行个性化的内化、吸收。内化吸收要求独立完成，不能与同学或教师讨论交流。

在小组讨论环节，教师不做讲授，让学生分组，通常四人一组进行讨论。小组讨论针对教师上节课的讲授内容和学生在内化阶段的学习结果进行。学生分享自己的体会、收获和困惑，互相答疑、互相启发，并把普遍性的问题记录下来。小组讨论后，教师组织全班交流，对小组讨论中存在的疑难问题进行解答。最后做章节总结。

如果有的学生对某些课程不够重视或其他课程的学业负担比较重，在课后不愿或没有时间做作业，所有学习只能在课堂上完成，那么，可以实施“隔堂对分”的一个简化形式，称为“当堂对分”。“当堂对分”是在一次课上完整地实施以上五个环节。比如一节45分钟的课，教师先讲授25分钟，然后给出相关的思考题或习题，学生先彼此不交流，进行5分钟的独立学习和独立思考，写出自己的解答，然后小组讨论8分钟，最后全班交流7分钟。

介绍到这里，“对分课堂”还只是传统课堂的改良，但是当在这样的课堂中运用到“对分易”教学平台的时候就变成了信息化的“对分课堂”。借助“对分易”可以方便地开展课堂分组、运用在线测试实时开展课堂反馈、实现作业实时批阅、通过微信及时互动等丰富有效的教学活动。因此，这种模式可以看作一种比较初级的混合式教学模式。

（二）“雨课堂”智慧教学模式

“雨课堂”是一种智慧教学工具，目的是全面提升课堂教学体验，让师生互动更多、教学更为便捷。“雨课堂”将复杂的信息技术手段融入PPT和微信，在课外预习与课堂教学之间建立沟通桥梁，让课堂互动永不下线。使用“雨课堂”，教师可以将带有慕课视频、习题、语音的课前预习课件推送至学生手机，师生及时沟通反馈；课堂上实时答题、弹幕互动，为传统课堂教学师生互动提供了一种解决方案。“雨课堂”覆盖课前、课上、课后的每一个教学环节，为师生提供了完整立体的数据支持、个性化报表、自动任务提醒，让教与学更加了然。

基于“雨课堂”智慧教学软件，虽然教学的基本流程和传统教学完全相同，但是在执行这些教学流程的过程中是通过“雨课堂”软件提供的教学反馈数据来进行的，是一种数据驱动的教学，可以让教学更加有的放矢，实效性更强。当然这里介绍的同样是“基础版的雨课堂”教学。这种模式也可以看作一种比较初级的混合式教学模式。

目前，市面上还有很多信息化教学小软件或小平台，都可以实现考勤、分组、在线视频学习、在线作业、在线测试和反馈等，如蓝墨云班课、课堂派，这些轻量级的软件或者平台可以非常方便地帮助教师开展混合式教学实践。

二、升级版的在线开放课程教学模式

近年来，以慕课（Massive Open Online Courses，MOOC）为代表的新型在线开放课程和学习平台在世界范围迅速兴起，它们拓展了教学时空，增强了教学吸引力，激发了学习者的学习积极性和自主性，扩大了优质教育资源受益面，正在促使教学内容、方法、模式和教学管理体制机制发生变革，给高等教育的教学改革发展带来新的机遇和挑战。教育部在 2017 年首次启动了国家精品在线开放课程认定工作，首批认定了 490 门国家精品在线开放课程。教育部以此为契机，全面推进在线开放课程建设与应用，不断深化信息技术与教育教学深度融合，深入推进以学生为中心的课程改革、教学方式与学习方式变革，实现高等教育教学质量的“变轨超车”。

与世界范围内其他国家相比，我国的在线开放课程建设的目标和思路是独特的。西方国家建设在线开放课程主要的服务对象是社会学习者，全日制教育对采用在线开放课程资源进行人才培养的兴趣并不高。而我国政府主导的在线开放课程建设从开始就明确提出要服务于我国的高等教育改革，并且主张“建以致用”。可见，直接照搬国外的在线开放课程建设和运营的经验是不行的，我们需要因地制宜，进行本土化改造。政府给出的“药方”是依托在线开放课程大力开展混合式教学，最大限度地共享名校、名师的优质课程资源来辅助开展教学，这是有助于促进教育公平的。

当前，国内慕课平台运营商都开始依托在线开放课程探索开展混合式教学，如中国大学慕课、学堂在线、智慧树、好大学在线等。

有的平台可提供“平台 + 内容 + 运行”三位一体的业务模式，帮助高等院校完成优质课程的引进和服务配套落地，通过观摩和分享名校名师的优质课程设计，帮助教师完成教学发展培训，协助教师建设新课程，实现教法改革，推动本校教学产生内生动力。平台上课程的教学模式多种多样，包含“在线式”和“混合式”。

有的平台在在线开放课运行期间穿插开展直播互动课。这种直播课是由课程的开课教师团队成员或者专门邀请的相关领域专门研究人员通过直播的形式向全国各地区选课学校的学生开展的教学活动。平台还在选课学校建设了一批“直播教室”（或者“沉浸教室”），可以实现教师和各地高校学生实时互动。直播的内容主要集中在两个方面：一方面是课程运行周期内需要更新或补充的学科热点及前沿内容，另一方面是通过直播互动开展的基于线上学习的答疑。这在一定程度上克服了完全在线学习的弊端。

在直播课程进行期间，高职院校的选课学生有组织地在固定地点参加直播课的学习，有的学校还专门为这些课程配备了辅导教师，辅助开展直播学习活动。当然，有的学校还基于在线教学平台进行了创新，充分利用线上的优质教学资源和本校的辅导教师团队联合开展教学活动，有的高校在直播教学时间之外专门组织辅导学习活动，有的还专门在线下组织课程的结业考核等。

有的平台上的课程不仅面向在校学生，还面向社会学习者。课程内容学习的门槛较低，很好地保持了慕课最原始的特点。但是平台上的绝大部分课程都采用完全在线的方式运行，教师和学生、学生和学生之间的沟通与交流也基本上通过课程平台上的论坛或者讨论区进行，实时性不够强。由于选课学生彼此之间很难识别身份，虽然他们共同在一门课程中学习，但缺少“同学”之间本应具有的社会性情感。

有的平台注册之后就可以免费参加课程的学习。这对于一些不愿意或不能在课程学习中投入经费的学习者而言是一个不错的选择。在平台的一些课程中，开课教师通过第三方直播平台，通过语音或者视频的形式不定期组织选课学生开展直播教学活动。例如，在华南师范大学焦建利教授主持的“英语教学与互联网”慕课中，课程助教就多次基于微信群和直播平台开展直播教学。直播教学的内容是课程的一些新增知识或者进行实时的课程答疑活动。

三、翻转课堂教学模式

翻转课堂是一种教学模式，它是一种在“掌握学习”教学理论和教学目标分类学理论的指导下，运用现代信息技术再造教学时空，实现传统教学环节的“翻转”，从而充分发挥班级授课制中学习者主体作用的新型信息化教学模式。

翻转课堂教学模式起源于2007年美国科罗拉多州落基山的“林地公园”高中。该模式的推动还要得益于开放教育资源运动。从麻省理工学院的开放课件运动开始，耶鲁公开课、可汗学院微视频、TED（Technology，Entertainment，Design，此处是指美国的一家非营利机构）的教育频道视频等大量优质教学资源不断涌现，为开展翻转课堂教学提供了资源支持，促进了翻转式教学的发展。此后，翻转课堂成为美国日渐流行的创新教学模式。2012年年初，翻转课堂的思想传入中国，随后在国内各级各类学校的教学改革中迅速推广开来。

下面将围绕翻转课堂的本质、翻转课堂的认识误区、开展翻转课堂教学改革的必要性以及开展翻转课堂教学改革的困难四个话题展开讨论。

（一）翻转课堂的本质

从翻转课堂的起源来看，所谓的翻转课堂就是把传统课堂教学的讲授和练习两个环节进行对调。在传统的教学中，教师在课堂上主要进行教学内容的讲解，然后把练习提升的环节作为课堂外的作业来完成。在翻转课堂中把这两个环节进行对调，变成了在课堂之外完成对教学内容的学习，在课堂内通过合作、探究等形式练习和提升。表面上看，这只是两种教学活动顺序的对调，但是本质上却大有不同。如此翻转在很大程度上解决了班级授课组织形式下的个性化适应的问题，而且还有效地促进了深度学习的发生。在课外基于教师提供学习资源的自主学习环节，拓展了学习的时间和空间，可以充分适应学生的个别化和个性化，在课内完成练习和提升的过程中，又有同伴和教师的帮助与指导，从而有效地提升了学习的深度。

（二）翻转课堂的认识误区

第一，翻转课堂不是有些研究者所说的“先学后教”。原因很简单，学和教本身就是一件事情从不同角度的表述，没有先后之分。在翻转课堂的课外环节，学生自主学习的依然是教师提供的教学资料。而在课堂面授环节，教师基本不用再进行讲授。

第二，翻转课堂不是课前的预习加课上的学习或者教学。有一部分研究者认为，课前布置一些任务，在课堂通过合作、探究的方式开展学习就是翻转课堂了。这同样是一种误解，因为这里的课前部分相当于传统教学中的“预习”环节，只不过课上不是继续由教师进行讲解，而是由学生合作学习。这种做法直接忽略了教师“讲”的环节，进一步降低了教师的主导作用，这实际上是走向了另外一个极端。一方面，这种安排对学生的要求较高，需要学生具有很强的自主性和扎实的学习基础；另一方面，这种安排从本质上看是基于主题的研究性学习，如果课程不是以知识目标为主，而是以提升学生的研究能力为主则另当别论。但是无论如何，这种做法不能冠之以“翻转课堂”的名称。

第三，翻转课堂的面授环节，经常会设计丰富多样的教学活动，如提问、头脑风暴、不计分测验、角色扮演、交流分享等。但是并非在教学的过程中采用了这些教学活动就可以称为翻转课堂或者“部分翻转”。其实上，“部分翻转”是一个伪概念，翻转就是翻转，翻转是把一个整体进行翻转，不存在把整体的一个局部进行翻转的情况。除非“部分翻转”指的只是对课程部分章节内容的教学采用了翻转课堂模式进行教学。

（三）开展翻转课堂教学改革的必要性

翻转课堂是一种教学模式，不是一种教学方法。它只是一个框架结构，这是在当前情况下最符合学习者学习规律的一种结构。至于在这种结构下教师采用何种教学方法则是灵活的，与具体的学习内容特点有关，也与教师、学生、条件、环境有关。换句话说，翻转课堂不排斥对教学内容的讲授，只是在哪里讲授、通过哪种形式讲授的问题；翻转课堂也不排斥练习，只是在哪里练习、通过哪种形式练习的问题。如前所述，翻转课堂教学模式可以保证绝大部分学习者都有机会完成有效的学习，而且通过有效地练习还可以提升学生学习的深度，实现解决问题等高阶思维能力的培养。在一些以智慧技能为主的科目中，如数学、物理、化学，如果基本概念没有学好，后续的原理、定理等就无从谈起了。

（四）开展翻转课堂教学改革的困难

从已有的经验看，虽然人们基本认可翻转课堂是教学改革的趋势，但其具体实施却阻力重重。其中最大的阻力不是来自学校，也不是来自学生，而是来自一线教师。因为开展翻转的前提是要有大量的教学资源，但是这些教学资源的开发非常不易。如果完全自主开发一门课程的教学资源，基本上等同于建设一门慕课。即便是有了现成的在线资源，课堂面授环节的组织以及教学活动的设计对于教师来说基本上也是陌生的。推行翻转课堂教学改革的难度由此可见一斑。这就要求在推行翻转课堂之初给予教师必要的政策倾斜，给予必要的技术支持。只有当教师获得了一些翻转课堂的实施经验且信息化教学能力得到陆续的提升之后，他们所需要的支持就会越来越少，逐渐达到独立完成的水平。

第二节　混合式教学的教学设计

一、教学设计的基本原理

按照时间顺序，完整的教学过程包括课前、课中和课后三个阶段。课前指的是教师上课前的准备工作，课中指的是教师的授课过程，课后指的是教学评价和复习。教学设计虽然处于课前阶段，但是它需要考虑的因素包括整个教学过程（包含课前、课中、课后）设计的方方面面。

著名教育心理学家加涅把教学设计的基本原理概括为：根据不同的学习结果类型创设不同的学习的内部条件，并相应地安排学习的外部条件。根据这一原理，教学设计应该考虑教学中的两个维度：一个维度是学习结果的类型，另一个维度是每类学习的内部和外部条件。

二、教学设计的要素和流程

广义的教学设计是指以获得优化的教学效果为目的，以学习理论、教学理论为理论基础，运用系统方法分析教学问题、分析学习者特征、确定教学目标、建立解决教学问题的策略方案、试行解决方案、评价试行结果和修改方案的过程。

狭义的教学设计是指在实施正式教学活动之前，为了实现教学目标，依据学习和教学的基本规律对教学系统的诸多要素进行优化组合，对教学过程的主要活动进行规划的过程。与广义的教学设计相比，不涉及对方案的试行和评估。即使是对方案开展评估，那也是在正式实施教学之后的事情。在此，我们主张从狭义的视角来理解教学设计的概念，因为狭义的概念更加契合我们的教学经验，更加具有实践性和指导性。

在介绍了教学设计的概念之后，下面来介绍一下教学设计的要素和流程。从横向的空间维度分析教学设计的构成要素，从纵向的时间维度分析教学设计的一般流程。

综合分析大量经典教学模式之后，研究者们归纳出了教学设计模式的基本组成部分，它们就是教学设计过程的共同特征要素，主要涉及学习需求分析、学习内容分析、学习目标的阐明、学习者分析、教学策略的制定和教学设计成果的评价。此外，在新兴的信息化教学模式中，研究者加入了教学媒体的选择和利用这个要素。

完成任何一件事情都需要一个先后顺序，而且如果任务顺序安排得当还能提升任务完成的效率。其实，狭义的教学设计要做的事情主要有四件。首先是确定教学目标或者学生的学习目标，确定了这个目标也就确定了“终点”状态。在“终点”确定之后，再继续通过一系列的前端分析（主要包括学习者特征分析、教学内容分析）确定“起点”状态。当明确了“起点”和“终点”之后，接下来需要考虑的问题就是如何从“起点”到达“终点”，这个问题也就是教学的策略问题。当我们设计好了策略，还需要进一步考虑这些策略的有效性，即如何评估执行这些策略之后的实际效果的问题。

教学“起点”主要分析学习者的已有认知结构和教学内容的心理特征及呈现顺序。认知结构分析是考查对于将要学习的内容，学习者已经掌握了哪些。对教学内容进行分析的主要目的是确定呈现顺序的类型。这些都是教学策略选择的核心依据。此外，还可以根据情况适时对学生的认知风格进行必要的分析，以给予学生更加个性化的学习体验。

作为“终点”的教学目标源于学生的学习需求，假设我们不是从学生的学习需求出发，而是主观地去设定教学目标，然后设计和实施教学，其最终的结果极有可能是无效的。如果没有明确的目标，可能往任何一个方向前进都是错的。因此，确定目标一是要依据学生的学习需求；二是学习需求要尽可能地明确、具体。

三、混合式教学设计的步骤

前面介绍了混合式教学的典型模式，也对教学设计的基本原理、教学设计的要素和流程进行了分析与说明，为学习混合式教学设计的步骤奠定了基础。教学模式具有相对的稳定性，体现了对学习和教学理论的应用，体现了明确的目标指向性，蕴含着规定性和可操作性。混合式教学的教学模式对于开展混合式教学设计具有极强的借鉴价值。我们开展的混合式教学设计一定会在某种程度上体现出某一种或者几种混合式教学模式的影子。而教学设计的原理以及教学设计的结构和流程分析对于开展混合式教学设计也具有更加直接的指导意义，同时还可以增加混合式教学设计的灵活性和实效性，让我们在实际工作中能够根据实际情况加以变通，实现教学效果的优化。

下面分别针对三种典型的混合式教学模式介绍混合式教学设计的一般步骤。

（一）升级版的传统教学模式的混合式教学设计

有学者把教学设计的模型划分为以学为主、以教为主以及“主导主体”相结合三种。这种划分对于分析教学设计者秉持的学和教的理念是有益的，可以让教学设计者看到自己教学设计的不足并加以改进。其实，教学这件事本身就是教和学同时并存的，在此不讨论以谁为主的模型对开展教学设计工作的指导意义，因为无论哪一种模型都是前面介绍的教学设计一般流程的具体体现。

混合式教学设计作为一种教学设计，它体现了教学设计的原理，也具备教学设计的要素，当然也会经过教学设计的一般流程。教学设计的一般流程要经过开展前端分析、确定教学目标或者学习目标、确定教学策略、规划教学评估四个必要环节，混合式教学设计同样如此，只是在细节上的具体表现不同而已。

从前面关于升级版的传统教学的混合式教学模式介绍中可以看到，这种教学模式和传统课堂教学模式的核心区别在于增加了教学效果的及时反馈，反馈体现在课前、课中和课后的整个教学环节，通过数据来驱动讲授式教学活动的进程，而不像传统教学一样凭借教学经验执行设计好的教学活动。可见，这种教学设计和传统的以讲授式教学为主的教学设计没有太大的区别，只是在不同的教学环节依托相应的教学软件或者平台设计和开发一些阶段性的评估活动。需要说明的是，“对分课堂”教学模式把教师讲授和学生练习、应用都放在了课堂教学中完成，而把知识内化的过程安排在了课外。这种教学本身就是对传统讲授式教学模式的一种优化改造，但这里强调的不是方法上的变化，而是要突出是否具有“线上＋线下”的教学方式上的变化。

（二）升级版的在线开放课程教学模式的混合式教学设计

在线开放课程运营商在开展混合式教学实践中探索出来了一些模式，其教学都是以现代网络远程教学为主，适当地增加了一些实时直播教学活动。我们把直播教学看作线下教学活动，并据此把这些教学也划分到混合式教学之列。由于直播教学活动数量有限，只是作为教学内容的补充或者阶段性的答疑解惑进行的。其混合式教学设计主要体现在课程的层面，而不是课堂教学的层面。课堂层面的教学设计和在线开放课程的教学设计一致，这里不再占用篇幅详细说明。

（三）翻转课堂教学模式的混合式教学设计

在当前条件下，翻转课堂被认为是一种较好的混合式教学模式。因为翻转课堂教学符合我们对混合式教学的理解，具有“线上＋线下”、线上教学是必备活动、线下是线上的延续、重构传统课堂教学、没有统一的模式、教学过程勤评估等混合式教学的典型特征。在几年时间的实践探索中，学者们积累了大量的经验，形成了翻转课堂教学设计的独特思路。

翻转课堂教学首先让学生通过线上自主学习视频教学资源的方式完成对基本知识的掌握，让学生经历知识的习得环节，实现记忆、理解等浅层教学目标。然后通过面对面合作学习或者直接教学的方式设计相应的学习任务，实现对基本知识的巩固和强化，让学生经历知识的巩固和转化环节，实现应用、分析、评价等中级教学目标。如果面对面的教学时间不够充足，可以继续在课后设计一些综合应用的任务或者新情境下的创造性应用任务，让学生经历知识的迁移和应用环节，实现分析、评价和创造等高级教学目标。如果面对面的教学时间充足，可以在课堂上让学生经历上述学习环节。在线上、线下的关键教学环节都要设计一些评估活动，以保证学习的有效发生。

四、混合式教学设计的特点

相比传统课堂教学设计，混合式教学设计特别是翻转课堂教学设计还是有比较明显的特点的。

（一）混合式教学设计是一个分层、分段的教学设计

以翻转课堂教学设计为例，从其基本流程中不难发现，教学设计体现了分层和分段的特点。分层是指既有“线上＋线下”整体的教学设计，也有微课教学资源的教学设计。微课或者微视频作为一种数字化的教学资源，首先需在整个单元或者章节中作为前端分析的重要内容进行规划和安排。其次，微课本身在教学内容的呈现顺序、方法、策略、媒体选择等方面都需要专门进行教学设计。

因为翻转课堂教学模式将教学过程分配在线上和线下两个环节，虽然两个环节从整体上看是一个任务，但是每个环节的任务目标是不同的，需要对两个环节分别进行教学设计，分别开展前段分析、目标设置、策略选择、评估规划等活动，这体现了分

段教学设计的特点。

（二）混合式教学设计是信息化教学设计

翻转课堂教学设计的第二个特点是它是明显的信息化教学设计。信息化教学是指教师在现代教育思想、学习理论的指导下，主要借助现代信息技术组织教与学的活动，是与传统教学方式相对应的一种教学方式。它具有以下五个特点：①以现代教育思想和学习理论为指导；②以现代信息技术的应用为特征；③关注学生信息素养的提高；④混合型学习；⑤关注学生高阶思维的发展。

信息化教学设计的基本原则可归纳为以下六点：①以学生的“学”为中心，注重学生学习能力的培养，教师作为学习的促进者，引导、监控和评价学生的学习进程；②充分利用各种信息资源来支持学习；③以任务驱动和问题解决作为学习和研究活动的主线，在相关的有具体意义的情境中确定和教授学习策略与技能；④强调协作学习；这种协作学习不仅是指学生之间、师生之间的协作，也包括教师之间的协作，如实施跨年级和跨学科的基于资源的学习等；⑤强调针对学习过程和学习资源的评价；⑥强调基于主题或者单元开展教学设计，让知识以更加系统化的形式呈现在学生面前。

从信息化教学设计的六点基本原则中可以发现，翻转课堂教学设计和信息化教学设计具有极大的重合度，翻转课堂教学几乎是完全按照信息化教学设计的原则进行设计的。

信息化教学中的信息技术往往是用来获取、存储和传递教学信息的相应技术手段。信息化教学发展到今天，如果依据其运用的标志性技术手段可划分为三个典型的阶段：第一阶段是以幻灯片、投影仪、电视、电影等为主要技术手段开展教学活动的阶段；第二阶段是以计算机、网络（包括计算机网络、电视网络、移动网络）等设备为主要技术手段开展教学活动的阶段；第三阶段是以虚拟现实、大数据、人工智能等智能技术为主要技术手段开展教学活动的阶段。在这三个阶段演进的过程中，后一个阶段对前一个阶段不是替代，而是一种升级、融合；前面的阶段是后面阶段的发展基础。

现代认知心理学把人们学习的过程看作信息加工的过程和认知结构改组的过程。因此，从理论上讲，信息技术可以影响人类学习的全部过程。信息化教学的第一阶段，主要支持的就是人们学习的初始环节信息的输入。换句话说，我们使用幻灯片、投影仪、电视、电影、语音设备都是在变换教学信息的呈现形式，使之更有效地传递教学信息，其功能的本质是促进了教师的“教”。然而，信息的输入仅仅是人们学习或者认知活动的起点，这个起点只能有限地影响学习的效率和效果。信息化教学的第二阶段，主要支持人们对信息的内部加工和认知结构改组的环节。适当地运用这些技术手段，可以让我们更加有效地对知识进行学习，走向更加深度的学习，其功能的本质是促进了学生的“学”。信息化教学的第三阶段，在丰富了信息获取渠道的同时主要支持人们依托已经形成的认知结构实现迁移、应用以及创造等，其功能的本质是促进了学生的

"习"和"用"。适当运用这些技术手段，可以突破很多现实中的局限，强化对技能性知识的获取与应用。如果我们在现实中合理、充分地运用了这三个阶段的信息技术手段开展教学，可以使学生从信息获取到技能输出全方位地获得支持，从而有效促进学习效果，并且提升学习的深度。走一条"学有所得，习以致用"的良性发展路径。

目前，我们主要是处于信息化教学的第二阶段，正在进入第三阶段。翻转课堂可以在在线学习阶段充分发挥信息技术在前两个阶段的作用，在面授阶段发挥第三阶段的等效作用。我们还可以预见到，随着现代信息技术的进一步发展，翻转课堂教学模式也可能发生变革，被一种更加智慧的信息化教学模式所代替。

第三节　混合式教学对教师的要求

所有的研究都表明，教师要适应当前混合式教学模式与设计的需要，就需要转变角色、提升能力。

一、转变角色

在混合式教学中，虽然从表面来看淡化了教师的"教"、强化了学生的"学"，但实际上对教师提出了更高的要求，要求教师积极转变观念，深入了解混合式教学，尽快适应并完成以下几项角色的转变。

（一）课程的设计者

重新构建学习模块，既要为学生创造适合的自主学习情境和协作学习情境，吸引学生积极参与某一知识模块的学习，又要注意知识的关联性及整体性，对教学过程和方法进行全面设计，对课程和学生的发展进行长期的规划。

（二）讨论的引导者

教师可以根据线上（课程平台）学习情况在线上（课程平台）与学生交流，引导学生自主思考、互相探讨、深入研究。在学生的互相探讨中，还要注意探讨方向的正确性，适当地加以引导和把控，确保学生能够及时、正确地完成学习。

（三）课堂的组织者

在课堂上，教师不再是传统的知识传授者，而是针对混合式教学的各个环节进行组织，尤其在课程的初始阶段，通过合理、系统的课程设计，正确合理地引导、督促学生，使学生能够快速了解并适应混合式教学，实现混合式教学的教学意义。

二、提升教学能力

（一）系统化教学设计的能力

对教学模块进行合理的、系统的整体设计是混合式教学的综合要求，教师要重视引导，要注重学生如何学的问题，要确定哪些知识需要通过混合式教学的线上学习来实现和实施，哪些知识需要通过在线下探讨中总结获得。因此，在系统化教学设计方面，主要涉及教师的认知提炼能力、环节设计能力与课程整合能力。

（二）信息技术应用的能力

在混合式教学模式的环境下，教师的信息技术水平直接关系对学生学习的引导程度，要求教师通过自学及教学信息技术培训等途径，来熟练运用 PPT 等课件制作软件，会使用教学视频的录制软件，并能进行视频的剪辑、合并，增加字幕、提示、特效等后期编辑工作，还要具备基本的网页及混合式教学平台的维护能力。熟练掌握这些信息技术的教师将能更快地适应这个时代，信息技术以及多媒体的应用将是未来发展的主要趋势，这是教师最需要提升的能力。

（三）教学实施的能力

在混合式教学模式中，教师的行为将从课前引导、线上学习、课堂面授探讨一直延伸到课后的评价阶段，贯穿教学的全过程，教师应做好充分的准备来保证一个完整的教学活动程序顺利完成，如果教师缺乏组织、设计、引导、监测、解决冲突和评价等教学实施能力，那么就不能实现混合式教学的良好效果。

混合式教学对教师提出了新的要求，教师只有不断更新观念、不断加强学习，注重专业知识的学习、凝练，注重混合式教学中所涉及的信息技术的学习和实践，才能适应新时代“互联网＋”教育的教学环境，才能成为一名合格的教师。

第五章　信息时代高职院校混合式教学创新

第一节　“互联网 +”时代下的混合式教学创新

一、“互联网 +”时代的混合式教学模式

信息时代不但拓宽了获取知识和信息的渠道，而且保证了信息的即时性和新鲜性。在教育领域，借用现代化信息技术，丰富课堂容量，活跃课堂气氛，提高教学质量，已经屡见不鲜。依托于互联网的快速发展和普及，互联网与教育结合衍生出的线上学习已广受欢迎，这样的学习方式可以充分利用学生的碎片化时间，进行高效率的知识传输，使学习不再局限于课堂，提高学生学习自主性，因此“互联网 +”时代下的混合式教学模式已进入了学校课堂。

（一）“互联网 +”时代下混合式教学的落实措施

第一，加强软件硬件设施，保障混合式教学顺利落实。一项新教学政策的落实，离不开基础设施的支持。“互联网 +”时代下混合式教学模式的落实，需要教师具备一定的信息技术能力，学校也应提供教学资源丰富的网络教学平台，做好后勤保障工作，搭建稳定的线上教学设施。不能因为网络不给力、教学资源匮乏等削弱学生的学习积极性，就降低混合式教学模式的实施质量。

第二，丰富网上教学资源，激发学生的学习热情。教师可以通过制作精美的多媒体课件或者录制教学视频上传至教学平台，帮助学生在课后对所学知识进行复习，以此来吸引学生注意力，提高学生的学习热情，帮助学生更快、更好地理解知识点。

（二）“互联网 +”时代下混合式教学活动的开展

为了有效地解决教学双方时空难分离的矛盾焦点，提高线上教学平台的使用效率

与效果，丰富在线教育课程资源建设的数量，提高在线教育课程资源建设的质量，强化教育教学的过程质量，应督促教、管、学三方行为的有效发生，切实保证教育教学质量，培养符合社会发展的有用人才。

对此，高职院校在活动开展中应注意以下几点。

1. 构建线上“教管学”的长效机制

线上教学及管理工作既是一种常态，又是一种创新，其运行质量在很大程度上依赖于教学长效机制是否建立和健全。长效机制的构建源自清晰的教学及其管理战略构架和其在不同年度（学期）策略的实施。

（1）教学理念。线上教学是各个院校教学的重要组成部分，也是教师教学工作的重要内容。基于教学平台的线上教学应该是学生、教师、各级教学管理者之间的有效切合。通过共同构建知识，共同营造、优化网上教学环境，实现内容呈现、媒体载入、互动有效、管理促进等必要因素互动。

（2）战略思考。

第一，实现线上教学战略的组织点。作为统筹全校教学工作的教务处，对影响和决定教学质量和教学实施效果的因素（包括教学环境、组织形式、具体实现条件和学科特点）进行深入分析，提出线上教学与管理的总体思路、战略构架和战术策略，让全体从事教学及管理的各级各类人员在思想和认识上有一个清晰的定位。

第二，实现线上教学战略的切入点。从教学过程相关环节入手，先易后难，寻找突破领域，从数量到质量、从自由散漫到规范运作，逐步净化教学环境，实现提高教学质量的目标。基础工作是狠抓常规教学，重点开展各类资源建设与运用，推出教学创新项目做引领，在线上“学”与“教”信息公开的环境中，对教学创优争先进行奖励，构建提高教学质量的长效机制。

第三，实现线上教学战略的突破。办学单位和学生在办学与学习的过程中，其关注点往往结合考试。在战略设计上，本着由终端改革倒逼前端和中端的改革思路，选择部分课程进行试点，从科学选择考试形式和手段、促进线上学习行为发生、参考学生学习表现等环节入手，将课程成绩分解至相关环节，进而营造适合网络教学的环境。通过课程考核改革，倒逼学生线上学习行为的发生，再通过线上学习行为的发生倒逼线上资源建设的力度、线上导学的组织及其他学习支持服务的落实。

（3）战术选择。在符合战略思考的前提下，不同年度或学期所采用的教学战术策略及重心相对有所不同。例如，对于资源丰富、师资力量相对较强的课程，实行在线学习评价、在线考试评价、操行评价等复合考评；对于资源相对较少或师资力量相对不强的课程，实行将期末纸质考试变革为网络在线考试。

（4）长效机制。教务处应认真研究学生、教师、各级教学管理部门与在线教学平台之间的有效切合，不断固化、强化、活化、深化线上教学活动，跟踪、监控、公开、分析线上教学行为，通过引领、复制、推广、奖励线上教学创新成果等制度，建立线上教学活动长效机制，提升线上教学的质量与效果，推进线上教学向纵深发展。

2. 活化线上实时与非实时交互教学

基于线上导学的实时与非实时两个视角，从回帖、设定教学策略、整理公布信息、建设核心团队、落实、监控等方面对实时导学的过程进行分解和细化，在落实中保证质量；从构建校部、办学单位、学生之间的联动机制，延伸讨论的广度与深度，丰富和创新在线讨论的形式，应用教学策略等措施规范非实时导学的相关环节，提高参与度，在创新中提高质量。

（1）分解并细化非实时导学的工作阶段。网上非实时导学的过程管理的绩效主要是从回帖、设定教学策略、整理公布信息、建设核心团队、落实和监控等方面进行评价。

第一，回帖。通常意义上，网络环境中的师生交互成功与否，很大程度上取决于教师是否及时回复学生的帖子。教师回复学生帖子的速度和回复质量，对学生的心理、接受网络的程度都会产生较大的影响。及时并高质量地处理回帖，会使学生逐步养成网络学习的习惯，乐意与老师进行交流，从而培养论坛人气，形成师生交互的良性循环。

第二，设定教学策略。线上教学的有效性应以科学、合理的实施程序和灵活、恰当的策略为保证。一是积极探索线上教学内容、教学交互形式与教学策略的最佳匹配，实现每一具体教学目标的最佳交互形式与途径，以及保证每一次网上交互都被有效地组织与管理。二是应用一定的教学策略激励学生发帖，引导学生讨论。例如，通过致学习者的一封信来营造开课氛围；每月按课程教学进度在“课程讨论区”内提出结合课程教学内容的重点、难点问题或综合案例的讨论题；通过提前将课程讨论主题和安排置顶或设置成精华帖的方式，来引导学生交流。

第三，整理公布信息。责任教师每月应定期整理课程论坛或建立课程学习问题库文本，予以公布，以便于查找。

第四，建设核心团队。在网络课堂中，教师不一定是讨论活动唯一的组织者和引导者，在这种自主学习的环境下，讨论过程的发展态势更多是与参与者的回帖息息相关的。对于课程学习者人数较多、学生提问比较多的课程，有针对性地组建课程答疑团队（教师团队和学生团队），鼓励学员之间的交流和互动，活跃学员（核心学员）的参与（引导和激励）。探索建立学生答疑团队，充分发挥活跃学员或核心学生的参与价值，构建学习共同体。采取有效措施倡导、引导、鼓励学生之间的交流，促进他们相互解答问题。首先，教师将一些简单且易于回复的问题留待学生去回答，教师回复难度较高的问题；其次，组建核心学生团队，开展学生之间的交流与互动，形成一种无形的但学生看得见的答疑团队，在教学过程中逐步形成学生间的学习共同体。

第五，落实。教师寻找学生的兴趣点、兴奋点及热点话题，利用课程论坛空间主动引导和开展网上学与教互动活动。部分课程教师可以利用此空间上传学生喜闻乐见的各种辅助性学习材料，以及课程形成性考核和评析、各种社会考试的评析材料、如何借助论坛开展学习交流的方法等主题帖，为学生提供支持服务。

第六，监控。首先，教务处定期对课程论坛的运行情况进行监控，主要指标包括论坛名称、帖子总数、主题帖数、回复帖数、精华帖数、置顶帖数、发帖用户数、一周新帖数、回复率、人均发帖数、新帖率；其次，系统自动提供回复为零的帖子清单，为教学管理部门的专业课程教师提供参考。

（2）规范并落实线上实时导学的环节。

第一，组织联动。为了确保线上实时教学活动的有效实施，在教务处的统筹下，正确处理教务处、教学部、办学单位、学生四个方面的关系，从组织上形成教学管理团队，从管理上形成科学的联动机制，为后续建设线上教学管理联动团队奠定基础。

首先，教务处统筹规划、运行监控。一是规划学期对话讨论的总场次和审核讨论主题，平衡讨论课程的专业分布、课程类型分布及时间分布。二是协调将讨论安排在网上发布，并印发文件。三是指导和协助办学单位选择讨论场次，督促办学单位组织学生参加讨论。四是对讨论的运行情况进行监控，定期公布。在讨论总场次规划上可做如下规定：以教学部为单位，每学期每位教师讨论场次至少 10 场次；核心课程、公共基础、课改课程的实时对话讨论原则上不低于 2 场次；其他课程不低于 1 场次；预计总场次为 300 场次；在讨论类型上，各教学部必须实施不低于 3 场次的网上双向视频讨论。

其次，教学部负责设计主题，教师参加。一是提出讨论具体安排；二是教师积极准备讨论材料；三是参加讨论并解答学生问题；四是总结讨论，形成资源并及时发布到网上；五是评估讨论质量，提出改进方案。

再次，办学单位组织，学生选择参加。一是选择参加的场次报教务处备案；二是按选定场次组织学生参加讨论；三是将网上讨论的情况作为学生形成性考核成绩的重要组成部分和办学单位线上教学管理与组织的重要内容；四是提出改进建议，作为评选优秀教学组织的条件之一。

最后，学生积极参加，完成学业。通过要求学生参加教学互动，促进学生主动学习、互助学习和利用网络学习与交流的能力，力图借此构建团队学习的优良品质。

第二，任务落实。每学期第二周内以教学部为单位完成线上实时导学的安排，并提交教务处，教务处将审查合格的安排全部发布到网上，提前 5 天时间滚动显现，方便学生从主页直通。同时，以学校名义将实时导学安排印发成文件。办学单位根据实时导学安排，结合专业和课程选定参加场次并报教务处备案，组织一定数量的学生按时参加讨论。

第三，过程监控。过程监控主要是从事前、事中、事后三个环节对线上实时导学进行过程性监控。一是事前的导学安排监控。教务处从导学课程在专业中的分布，导学主题是否与课程和实际相结合，导学时间在学期内的月度分布、周度分布及时间段分布等进行审查。二是事中的导学实施现场监控。教务处指定专人或聘请观察员随机进入导学现场，跟踪导学实施情况。三是事后的导学统计监控。此项操作可以通过平台自动统计和人工统计两个途径完成。

3. 创设互联网的“1+6”课程教学

为了有效地提升学生使用现代远程教育技术手段进行远程学习的能力，解决学生学习的时空矛盾，有学者提出基于线上与线下相融合的课堂教学与考核的“1+6”模型。在“互联网 +”时代下构建“以学生为中心”的课程教学“1+6”模型，“1”代表“学生为中心”的内核，“6”代表教育观念、教学模式、教学设计、教师工作、信息挖掘、管理监控的外延。其逻辑关系为：通过技术手段进行师生教学数据挖掘，通过管理监控手段促进教师围绕教学模式开展教学设计和教师工作，继而达到“以学生为中心”的“时时可学、处处能学、人人皆学”教育观念，切实达到教育教学的培养目标。

在“1+6”课程教学模型之中，外延的重心在于教学模式，在大量的教学实践上，建构“线上与线下相融合的课程教学模式”，线上教学即“网络学习 + 自选资源 + 互动答疑 + 作业测评”，线下教学即“自主学习 + 面授教学 + 小组学习 + 实践教学”。其逻辑关系为：线上学习是线下学习的基础，线下学习是线上学习的拓展，线上与线下相互联系，互为促进，通过面授课堂、网络课堂、实践课堂、网络考核等教学手段的互为补充，通过“教、学、管、测、评一体化”来切实保证教育教学质量，全面锻造符合社会发展和需求的有用人才。

4. 跟踪和公开线上教学的相关数据

在混合式教学中，对线上教学质量及成效进行跟踪与监控，若发现问题则及时反馈和解决，这是实现线上有效教学的重要保证。基于线上学习环境和教学的建设，可以从教师教学数据、办学单位教学数据和课程论坛的监控与分析三个方面，跟踪、监控和客观评价线上导学的成效，提升线上教学的有效性。

（1）教师教学数据。教师教学数据主要公开每位教师的在线时间、登录次数、线上资源上载数量、教师发帖与回帖、论坛回复率、线上实时导学场次等动态数据。为进一步分析教师的线上教学详细情况，还对在线时间、上载资源和论坛交流等指标按月和周进行统计。

（2）办学单位教学数据。一是通过“上网学生数及其与在籍学生数的比例”反映办学单位组织、引导、督促学生上网学习的情况。该指标是对办学单位组织、引导、督促学生线上学习情况进行后续分析的前提。二是通过“学生登录次数及其与上网学生数的倍数”反映学生在线上点击资源和发帖交流的情况。该指标是评估办学单位组织和实施线上学习的重要指标。三是通过“学生登录的时间段分析”反映学生线上学习的进度和线上学习是否均衡。该指标说明办学单位在这项工作上投入时间和精力的情况。四是通过“新登录人数与总登录人数占比”指标，以当月登录人数和登录次数分别占全年登录人数和登录次数的比例，言明学生线上学习的持久性和稳定性。五是“学生在线时间长度”，这项数据须由办学单位根据学生在教学平台和课程平台的学习情况统计，说明学生参加线上学习的深度。

（3）课程论坛的监控与分析。第一，平台自动提供指标。由平台自动提供发帖用户数、帖子总数、主题帖数、回复帖数、最近一周发帖数、置顶帖数、精华帖数等指标。第二，统计分析。可以从课程讨论的活跃度和持久性两个方面分析并评价课程讨论的质量。

5. 实行线上教学第三方观察员制度

（1）实行观察员制度的必要性。为加强线上教学的力度，提高其透明度，将普通高校网络教育学院践行的教学观察制度引入线上教学过程，即聘请线上教学观察员（教师或学生均可），对基于在线教育平台开展的线上教学从多视角、多环节进行观察，从中发现成绩和问题，提出整改建议，为学校领导和教学管理部门提供线上学、教、管的第一手资料。设置学生观察员，这是提升学生收集能力、归纳能力、研判能力的机会，更可以借此提高专业和课程水平；设置教师观察员，互相学习和借鉴，提高自己的业务能力。

（2）观察领域和内容。对在线教育平台进行观察，主要包括：在线教育平台界面的登录与停留是否顺畅，线上教学信息公告的时间是否及时，专业规则与教学计划衔接是否一致，课程平台栏目与资源更新在内容和时间上是否符合要求，学生浏览和点击资源的数量与时间是否符合教学要求，学生在论坛发帖交流在内容和时间上是否符合要求，教师在课程论坛的回复率和回复质量是否符合要求，课程实时导学在计划、实施、总结上是否符合要求，线上学习支持在服务教学和管理上是否到位等。

（3）观察方式。观察员以线上教学观察员特别账号登录平台实施定期和不定期的观察。为了有效监控观察员，加强对观察员的跟踪，确保其有效性，后台每天跟踪观察员的工作轨迹，特别是其在网上论坛的发言情况。

二、构建“互联网+”时代的混合式教学体系

（一）构建“互联网+”时代下混合式教学的内容

第一，构建基于“互联网+”平台的混合式教学环境。混合式教学模式的实施离不开一个健全的“互联网+”教学环境的支撑。“互联网+”教学环境通常由教学情

境、工具、资源和架构组织四个必要因素而构成，需要对学习资源、学习方式、学习工具的选择做一个把控，为学生学习提供一个个性化、协作型的教学环境，促进混合式教学模式的落实。

第二，构建处于“互联网+”环境下的自主学习模式。线上学习为学生的自主学习提供了便利，具体表现为：课前为学生提供教学资源视频进行知识点预习，总结出疑难点；课中可以更有针对性地进行听讲；课后通过线上练习，及时发现不足，对不懂的地方可以进行反复观看，有利于知识理解。让学生自主完成学习流程，将知识点弄懂。让学生的学习状态完成由被动到主动、由主动到自主、由自主到能动的转变，提高学生学习的自主性。

（二）构建“互联网+”时代下混合式教学的阶段

混合式教学模式可以结合教学平台分为四个阶段：课前准备阶段、课堂面授阶段、课后巩固提升阶段和综合测评阶段。

1. 课前准备阶段

课前准备阶段是教与学的初始阶段，是围绕具体问题展开的实践探究活动。根据相应课程的特点和教学目标，通过相应项目把各部分教学内容串联起来，涵盖学生需要掌握的知识点，达到学生能力培养要求，实现理论和实践的紧密结合。在教学平台上上传课程基础知识资源，如课程标准、单元教学设计、课程PPT、教学微视频等；拓展性知识资源，如在线测试习题、动画、图片库、参考教材等；课外延伸资源，如工程案例、规范、仿真视频等。这体现了在线资源的多样性和多维性，是学生能否坚持完成学习任务的前提和混合式教学模式实施的关键。

面授前，由任课教师根据调查，从学生的能力水平、学生关系和性格等方面进行分组，使各小组实力尽力均衡，这样有利于学生积极参与和互助交流，引导学生由被动学习变为主动学习。教师按照课程内容和难易程度制定学习任务单，通过教学平台发布自主学习任务单并设置完成时间节点。任务单的内容要符合学生现有的知识水平和认知能力，主要包括知识点重点和难点、课前任务自测和疑难点及建议。

小组学生根据任务单上布置的任务确立小组分工，利用各种移动设备如手机、笔记本电脑、平板电脑进入教学平台，自主规划学习课程资料，在规定时间内完成课前测试，并可以将疑难点提交到教学平台上进行分享讨论并交流学习经验、分享学习成果等。教师可以针对性地对共性问题答疑解惑，促进学生之间、师生之间的互动，建立良好的交互渠道。在学生的自主学习过程中，教师可通过平台追踪每个学生的学习进度、学习频率，对学习滞后者给予及时反馈、督促通知。教师通过分析平台学生网上学习时间、视频观看时间及交流情况，对学生学习过程给予评价，通过课前任务完成情况，了解学生尚未掌握的疑难点，在面授环节重点讲解。

2. 课堂面授阶段

在此之前，学生已经通过教学平台完成了在线学习，因此，课堂面授的关注重点从教师是否完成知识点的传授转移到学生是否掌握知识点并灵活运用，课程设计将主要围绕存在问题、目标、要点进行。

教师在课堂上针对学生学习中的疑难点进行课堂解析，并在深度和广度上进一步延伸，同时考虑学生的认知水平，体现出教学针对性和因材施教的教学理念。由于有的专业班级人数不超过 50 人，有利于以任务和项目为驱动的小组展开合作学习，便于教师主要针对课程难点和实践环节进行指导，如此便可让学生进行实践展示和小组汇报，教师进行点评。具体流程为知识点解析—提出问题—小组团队协作—师生互动—总结—拓展—在线测试—任务布置。为检查课前学习情况，对基础知识回顾强化，上课前教师可以通过知识竞赛或闯关练习的方法来检测学生掌握情况，可以按照课程知识点顺序，以基础知识为主由易到难进行设计。为更好地对课程知识进行系统化总结，教师可对复杂知识点进行精讲总结，而普通知识点就可交由学生总结。为培养学生解决工程实际问题的能力，加深对知识的理解，可以通过小组讨论、协作探究的方式对实际工程中的难点进行讨论。另外，可设置一些较高难度的问题进行拓展练习，培养其探究学习能力。

3. 课后巩固提升阶段

在课后巩固提升阶段，教师可在教学平台上搭建作业库和习题库，布置作业，让学生把所学知识付诸实践。学生通过平台及时提交作业或测试，教师实时批改，以掌握学生普遍存在的问题，并结合这些问题在平台上与学生进行沟通，最后进行课堂总结和反思，以便下次见面课能调整出更加适合学生学习能力的教学计划。这种方式能够缩小师生间的距离，增强学生对教师的信赖和感情，提高教学效果。

教师可以就重难点等知识或与课程相关的、结合实践的知识拓展方面，与学生在讨论区互相讨论交流，并实时点评讨论，以巩固学生对知识的掌握。另外，教师和学生可以通过教学平台一对一地进行文字、语音或视频交流，有利于教师帮助对知识理解不透彻的学生，给予其更详细的辅导，也方便更优秀的学生进行知识层次的提升。

在整个学习过程中，教师针对学生的表现要给予实时的引领并建立相应的奖励机制，学生每次提交的作业、有效的留言或抢答问题，教师都应在学习平台上给其相应的积分，并汇总到最后综合测评中，通过这种方式能充分调动学生的积极性和师生的互动性。课程的整体设计、组织、实施环节过程，不仅能提高学生兴趣和创新思维能力，也能持续提升教师的综合能力。

4. 综合测评阶段

基于教学平台的混合式教学模式拓展了学习过程，丰富了学习形式，混合了学习环境，为评定课程成绩提供了更为全面的标准。这种模式是以知识目标和能力培养为核心，以多元考核评价为原则，采用集过程考核、能力考核和理论考核于一体的考核模式。展开而言，利用在线开放课程进行过程考核，通过线上课程作业、随堂测试的成绩、互动讨论、签到等环节实现了在线学习的评价，并督促学生完成课前、课堂、课后整个学习任务，丰富了衡量学生知识水平和素养的评定标准，实现了全方位、多维度的过程性考核。能力考核主要考核线下课堂参与活跃程度，小组协作完成设计内容过程中计算的准确性、设计的规范性及成果的展示能力等，是对实现实践运用和创新能力的考核。利用期末闭卷测试成绩的评定实现基础考核，反映学生对整门课程理论知识的综合掌握情况。透过这种多元化的评价方法可以全面、客观地评价学生的表现，也为混合式教学模式的改进、教学效果的提高及教学活动的反思提供了依据。

三、设计“互联网+”时代下的混合式教学系统

（一）以体育课为例

高校体育教育所具备的教育功能、育人价值，一直是教育界研究的重点问题。对于高校而言，优化体育教学，促进体育教学改革，提升体育教育质量，是一项重要的教育任务。在“互联网+”时代下，高校体育教学有了更多的选择模式，如混合学习模式，对此，高校须认识到“互联网+”教育的内涵和意义。

1. 体育混合式学习模式

高校体育混合式学习模式，是线上和线下的混合，也是课内第一课堂和课外第二课堂的混合，下面从课前、课堂、课后三个维度进行阐述。

（1）课前——引用标准体育动作视频，引导学生课前预习。

第一，“互联网+”时代，产生了大量动画视频等教学资源，教师可以在相关教学资源网站上下载教学课件，或者利用手机、相机等摄像设备拍摄动作演示视频，并根据实际情况对教学课件进行整理、修改等，力争创造出最合适的教学课件，让高校体育教学更加科学合理。一个体育知识点的教学课件时长最好在10分钟左右，因为10分钟是学生学习思维最为活跃的时间段，超出10分钟，学生的学习兴趣会随之消减，学习效果也会慢慢变差，10分钟的时间开展课前学习，也不会让学生太过抵触。

第二，混合式学习模式的特点之一在于它能拓展学生的课堂课外时间，调整教学结构，将线上和线下混合在一起，将课内第一课堂和课外第二课堂混合在一起。教师在制作好动画视频教学课件后，可以上传到慕课等线上教学平台，甚至微信群中去。将动画视频教学课件推送给学生，让学生自行下载观看，也可以发布教学指令，让学生自行在网络上搜索体育教学资源，并自行学习，可根据实际情况而定。课前的学习让学生对本堂课所要学习的体育知识内容有初步理解，会减少课堂教学的压力。课堂教学中教师应少讲解理论知识，直接引导学生展开自主训练。

（2）课中——合理利用操场大屏幕，让学生边看边学。

第一，播放体育动作内容。教师在体育课堂教学中应利用好操场大屏幕，直观、清晰地放映体育动作，引导学生规范化、标准化地进行体育训练，体育教学效果会更好。例如，体育课程开展军体拳演练时，教师可在操场大屏幕上放映军体拳动作，通过更直观、更清晰的视频展示，让学生对军体拳动作深入了解并精准掌握。

第二，让学生思考理解。在让学生掌握一项体育项目时，教师也要传输渗透一些与体育价值观相关的教学内容，此时就需要学生独立思考，充分理解。为了能够让学生更加深入思考，教师可以布置一些教学问题来引导学生，让学生围绕问题或任务展开探索，学生可分享自己的理解，也可提出困惑，如此也能够进一步加强学生的理解和解决困惑的能力。例如，体育课程展开篮球训练，给学生播放篮球挡拆技术的“一挡二背三拆”，“背”的技术动作是在“挡”的动作完成之后，为了让掩护更有力度，创造更大的进攻空间，掩护者不应立刻做出后续拆分动作，而应做出“背”的技术动作，调整脚步面朝篮筐，将防守者卡在身后。这一动作非常关键，但很容易被学生遗忘，教师可提出问题，让学生认识到“背”动作的重要性，学生就能更好地理解及应用。

第三，体育项目是非常注重实践的课程，学生只有通过实践，才能融会贯通、熟练掌握这一活动项目。学生实践活动中会出现各种各样的问题，只有不断地解决问题，才能不断提升学生的实际竞技能力。在一定程度上，学生进行体育锻炼的同时，教师可以在操场大屏幕上不断播放标准体育动作，为学生指点，这样学生的动作就会越来越标准。

（3）课后——积极拓展，进行针对性训练。课后阶段是学生复习、巩固的阶段，高校体育教师可以根据实际情况给学生布置一定的作业，让学生在做中学、在做中提高。教师可以借助数字化教学课件的力量，让学生一边观看一边做动作，展开深入探索。基于“互联网＋”教育，学生也可以和教师建立良好联系，学生有任何困惑可以及时询问教师，教师也应及时解决，避免问题堆积，或是在课外线下组织教学活动，如约两场球、组织一场竞赛活动等，都是可行的方式。

2. 体育混合式教学策略

（1）改变教学思维。高校体育课程规划一般较为宽松，虽然教学任务量不大，但应精益求精，巧用“互联网＋”思维，将课堂和课外的时间统筹规划起来，在课前推送数字化课件，让学生跟着数字化教学资源提早预习。这样课堂上的进展才会更顺利，课后又能良好复习。让课内和课外混合，线上和线下混合，如此才能有助于提升课堂教学的有效性。

如果想改变教学思维，学校就必须严肃对待，将混合式教学模式应用当作大事、要事来办，要求体育教师出方案、出计划、出决策，落实“互联网＋”教育战略决策，并做好考核工作，设定相应的奖惩措施。对于教师而言，则要认识到“互联网＋”背景以及混合式教学模式的意义，积极改变教学思维，拓展应用混合式教学模式，多加尝试，推动先进教法落地。

（2）注重教师培训。只有优秀的教师才能培育出优秀的学生，才能贯彻落实混合学习模式。因此学校需要对教师进行培训，培训关于“互联网＋”教育以及混合学习模式的应用策略，提升教师开展混合式教学的能力。同时，可开展多元教研活动。教研活动作为教师又一个提升自身发展的机会意义重大。学校可选择混合式教学方法课题，让体育教师之间积极探索，做到统一管理、统筹规划，相互之间分享教学经验，以提升教师的教学能力，促进专业发展。

（3）设置模块化平台。设置模块化的体育课程学习平台后，教师就可以上传体育教育的多类型视频，如花样跳绳视频、上肢体能训练视频等，还可以撰写体育标准文章，收录教学资源，让“互联网＋”教育更加有效。教师可以在该资源平台上共享教学资源，也可以引导学生自行查阅学习，提升对体育课程的理解，拓宽体育的学习途径，促进学生提高体育学习的积极性和主动性。

（二）以英语课为例

在“互联网＋”时代下，通过混合式教学模式，能够有效地提高高校英语教学效率，营造良好的教学环境，全面提高高校英语教学水平。开展“互联网＋”时代下英语混合式教学模式研究具有非常重要的意义，通过建立全新的混合式教学模式，能够提升高校英语教学质量，更好地指导高校英语教学工作的开展。

混合式教学模式有效地整合了互联网技术和传统教学方式，弥补了传统英语教学模式的不足，使教学模式呈现出多元化的特点。从本质上看，混合式教学模式是通过对在线教学与传统教学的优势进行整合，并采用线上和线下相结合的方式来落实教学工作的。这不仅能够提高教学质量，还可以使教学工作的开展更加便利。通过混合式教学模式，教师能够起到积极引导和监控的作用，可以不断启发学生，给予学生指导。同时，学生的主体地位也越发重要，其自主学习能力得到了锻炼。

传统教学模式与互联网技术的整合不仅是时代发展的要求，也是深化英语教学改革的必然需求。在此背景下构建起的混合式教学模式，对英语教学方式、形式进行了有效创新，使英语教学资源更加丰富、教学手段更加多样，使学生能够更加高效地学习英语知识，提高学习能力及英语水平。它打破了传统课堂在时间、空间上的约束，与传统英语课堂形成有效互补，提高了英语的教学水平和教学效率。

英语混合式教学设计的策略可以总结如下。

1. 将传统课堂以及翻转课堂整合

开展英语教学时，在应用混合式教学模式的过程中，可以基于传统课堂教学，有效融入翻转课堂，对基础性的教学内容进行前置、翻转，让学生提前利用网络视频了解所要学习的知识，使其在教师后续的指导下更好地学习英语。在“互联网+”环境下，英语教师可以根据专业差异，在掌握学生英语学习需求的前提下，优化设计微课教学环节，落实个性化教学，使不同学生的英语学习需求都得到充分满足。通过混合式教学模式，教师可以向网络学习平台上传相关的学习资源、学习任务及学习目标，使学生提前了解课程大致内容，按照教师的指引完成英语学习任务。学生能够结合自身的实际状况，合理安排时间观看微课视频、学习文档，做好预习准备，提升英语自主学习能力。在实践教学工作中，教师和学生能够开展线上沟通和交流，及时解决遇到的问题。教师也可以利用网络平台，实时监督和引导学生学习。

在英语的实际教学过程中，教师可以结合微课视频中预习的知识，设置专项课题，组织讨论、交流活动，使学生在课堂讨论过程中能够彼此学习、答疑解惑，更好地学习和掌握英语知识。教师应将传统课堂教学、基于微课的翻转课堂进行有机整合，发挥好引导者的作用，确立学生为英语课堂的主体，保证学生学习方向的正确性，解决学生在学习过程中遇到的疑惑。教师可以将学生划分为不同小组，开展分组学习，让学生以小组为单位在课堂中集体展示学习成果，以便增强学生的综合英语能力。课后，教师还可以利用微课视频对课堂知识进行总结，帮助学生巩固知识，保证学生获得良好的学习成果。

2. 构建移动网络学习的有关平台

在互联网技术迅猛发展、智能终端设备日益更新的时代，笔记本电脑、平板电脑和手机成为大学生进行社交、学习的重要工具。尤其在“互联网+”背景下，面对在线学习的发展趋势，高校要利用好移动学习平台的优势，使学生通过自主学习、个性化学习，获得更加便利和高效的学习方式，摆脱传统英语课堂在时间和空间上的约束。

高校要搭建移动网络学习平台，利用好学生的碎片化时间，方便学生在手机或平板电脑等移动设备上观看英语教学视频、英语新闻等，丰富和充实英语教学内容，提高英语学习效率。在营造良好的移动网络学习环境时，高校应鼓励学生开展自主学习活动，主动搜索有关英语教学的资料，并及时推送给其他学生，与传统英语课堂形成互补，从而让学生在良好的英语学习氛围中提高英语学习水平。高校还可以针对网络英语学习平台和网络英语学习资源，开发英语学习 App，帮助学生顺利开展英语学习。

在开展英语教学时，英语教师要结合自身专业特征和实际状况，帮助学生树立正确的英语学习观念，使学生将自身专业、将要从事的行业同英语学习有效整合，以此为基础有针对性地选取英语学习 App。教师也要了解学生的个性化需要，以需求为导向对 App 学习方案进行科学设定，为学生更好地开展英语学习提供保障。在鼓励学生借助 App 开展自主学习的过程中，教师要考虑不同学生的英语水平，提供包括英语词汇学习、英语词汇强化、英语听说读写能力提升等在内的一系列应用程序，使学生的英语综合学习、运用能力都得到增强，这样才能充分体现英语学习 App 的价值。在使用英语学习 App 时，学生能够通过多样化的方式来提升英语能力，包括英语视频配音、英语名著阅读、英语词汇小游戏等，这些方式能有效地激发学生学习英语的积极性。在全新的教学模式下，学生能够更积极地投入英语学习，提高英语成绩。

3. 建立多元化混合式教学评价机制

在转变高校英语教学模式的同时，也要对传统英语教学评价机制进行改革和创新，构建多元化的混合式教学评价机制，使英语教学评价更加科学化和全面化。采用混合式教学模式后，借助更新的评价模式能够有效地评估其开展的效果，更好地满足混合式教学的需要。高校在“互联网＋”环境下要建立多元化混合式教学评价机制，要侧重对教学过程的评价，将形成性评价与终结性评价整合起来，以此来考查学生的学习效果。以往的终结性评价，教师仅通过期末测试的方式来考查学生的学习成果。而采用过程性评价，英语教师可以从多个角度入手，全面落实评价工作，包括课堂测试、课堂交流、课堂讨论、教学活动等。制定多元化混合式教学评价机制时，要注重丰富评价方式，开展教师评价、学生自评、学生互评，让学生了解所取得的学习成果，明确自身的不足，及时调整学习计划，不断完善自我，获得进一步的发展。

4. 培养教师信息化教学的综合能力

作为英语教学工作的主体，高校英语教师要深化英语信息化教学改革，不断更新自身教学理念，更好地利用信息化教学手段，提升英语教学能力和水平。一方面，英语教师要在教学过程中学习全新的教学理念，不断积累经验，熟练掌握信息化教学手段，在深入了解混合式教学模式的基础上，积极引导学生开展英语学习活动；另一方面，英语教师要积极参与院校针对英语教师定期开展的培训和再教育等不同形式的活动，从而更好地运用全新的教学工具、技术，这些活动包括但不限于举办英语沙龙、英语讲座、英语论坛、信息化技能培训等。

高校可以多参与面向英语教师组织、开展的信息化教学竞赛活动。这类竞赛活动由专业人员进行评价，并制定激励机制，形成了长效机制，能够达到教学相长的效果，逐渐打造出一批专业能力较强、综合素质较高、信息化运用水平较强的优秀英语教学团队，确保了英语教育教学改革工作的开展，有效地提高了英语教学质量。

在“互联网＋”时代下，利用混合式教学模式开展英语教学已经成为趋势。该模式能够有效地弥补传统教学模式的不足，促进师生间的沟通和交流，对改善英语教学质量有重要意义，实现线上和线下教学的协调整合，促进高校英语教学模式的不断完善，提高学生的英语能力和水平。

第二节　基于微课的混合式教学创新

最早提出“微课”这个名词的是美国学者戴维·彭罗斯（David Penrose）。微课既可以作为一种进行知识挖掘的工具，也可以作为“知识脉冲”。微课是指按照新课程标准及教学实践要求，以教学视频为主要载体，反映教师在课堂教学过程中针对某个知识点或教学环节而开展教与学活动的各种教学资源的组合。

“微课资源对于线上线下混合式教学模式的开发与运用具有重要意义。”① 微课作为一种新型的教育资源，打破了传统的课堂讲授模式的限制，针对某一个知识点或者某重难点，进行全面、完整的教学设计，并拍摄3～5分钟的教学视频，通过相应的媒介推送给学生学习，充分体现了碎片化学习、个性化学习的趣味性、灵活性、共享性的特点。目前，对于微课的理论研究主要集中在微课的定义、特点和起源，应用现状和实证分析，课程资源的设计与制作，评价指标体系设计，平台的设计与应用，微课与翻转课堂、慕课的结合等。对微课的实践研究主要集中在国家级别或各省市举办的微课大赛以及微课作品的征集、评比和展示。微课在提高学生学习主动性方面起到了积极的促进作用。微课因其视听形式灵活有趣的特点，其传递信息的方式更易于被当代大学生所接受，进而提升学生的学习自主性；同时，微课的推行可以帮助学生利用碎片时间进行学习，课堂时间可以用来进行专题讨论、答疑、小组活动等环节，为翻转课堂等新型教学模式的构建奠定基础；微课还可以让学生针对重难点或不懂的知识点反复学习，真正实现个性化学习；录制微课的过程还有助于授课教师精心设计教学环节，反复打磨教学内容，努力提升讲课水平，反思教学不足，对教师专业技能的提升也起到促进作用。

混合式教学模式指的是线上平台教学和线下课堂教学相结合的教学模式。该模式将两者的优势相结合，既能保证教师对课程的主导作用，又能激发学生学习的主动性、积极性和趣味性。

一、基于微课的混合式教学目标设计

以管理学为例，第一个教学目标为态度层面，主要任务是激发起学生对管理学知识与课程的学习动机和兴趣。学习动机一旦建立，可以直接诱发学习行为，进而让学

① 陈利达．基于高校微课教学资源运用的混合式教学模式探索［J］．智库时代，2021（12）：171.

生更好地学习和掌握与管理知识相关的各项职能，使其对实践工作产生浓厚的兴趣。

第二个教学目标为知识层面，主要任务是让学生学习和掌握与计划、组织、领导、控制、创新相关的各种理论和方法，为指导实践奠定理论基础。

第三个教学目标为能力层面，主要任务是通过教学环节的设计，着重培养学生的决策能力、组织协调能力、人际交往能力与创新能力等。

二、基于微课的混合式教学环节设计

在教学目标的指导下，结合管理学的课程特点，从课前预习、课中互动和课后反馈三个环节进行教学活动设计，具体内容如下。

（一）课前预习环节的设计

课前预习环节主要依靠微课和雨课堂等线上教学平台来完成。首先，教师根据教学大纲对各章节内容进行教学任务分解，将重要知识点或难点设计成专题进行讲解，并制作微课视频。此外，还可以收集下载与该章节内容相关的精品视频和经典案例，丰富微课内容。其次，教师建立课程微信群，并将学生进行分组，选举组长和分配各个职务。最后，教师将微课视频、教学课件等教学资料在开课一周前通过雨课堂推送到学生手机端，并设置相应的预习任务，鼓励学生在课前自主学习，理解课程内容，并积极参与课前小组讨论。教师可以通过雨课堂平台监控学生预习完成情况，掌握学生是否存在讨论分歧或疑难问题，为接下来的课堂精讲做好准备。

（二）课中互动环节的设计

课中互动环节主要围绕以下内容进行。

第一，通过对雨课堂平台预习情况的统计，针对学生预习环节中普遍存在的问题、讨论中存在的分歧和重难点知识点，结合 PPT 进行集中精讲和订正。在讲解过程中，学生也可以在手机上随时按下“不懂”的按钮，并自由掌握 PPT 翻页频率，实现随时提问和学习思路连贯。授课教师可以随时关注学生的学习动态并灵活调整，保证课堂吸收率。

第二，在保证学生基本掌握理论知识的基础上，进行课堂互动环节设计。课堂互动可以以小组为单位，具体的形式可以采用专题辩论、感悟练习、情景模拟、案例编排、团队游戏竞赛等形式，让学生进入真实的管理情境和氛围中，使其在巩固理论知识并加深理解的同时，又能提升相关管理能力。

需要强调的是，所有课堂教学环节过程中，学生都可以通过雨课堂的“弹幕”功能，实现教师与学生、小组成员之间、小组与小组之间的实时沟通与交流，突破了传统课堂的时空局限。

（三）课后反馈环节的设计

课后反馈环节主要体现在作业布置、课后答疑、课外拓展方面。教师可以通过雨课堂将课后作业推送给学生，学生可以通过手机端作答并及时提交。学生也可以通过反复观看微课视频完成对知识点的复习，并及时和老师交流解决疑问。教师也可以通过微课和雨课堂向学生推送与管理学发展热点及社会热点问题相关的文字和资料，鼓励学生积极思考、讨论并发表观点。教师还可以根据学生的微课学习以及雨课堂的学生学习完成情况、测验结果等相关数据统计分析，反思课前和课堂教学效果，进一步完善教学环节设计，使教学效果得到进一步巩固以及提升。

三、基于微课的混合式教学评价设计

基于微课的混合式教学模式中的教学评价设计的具体内容如下。

第一，线上学习情况。线上学习情况主要包括利用微课和雨课堂教学平台进行预习、在线学习、参与讨论、完成测验和作业等情况的评价。此部分占课程总评成绩的30%。

第二，参与活动情况。参与活动情况主要考评学生对课程活动的参与度、完成度和效果，包括小组讨论、辩论、感悟练习、案例编写和分析等。要求学生主动参与，积极思考、主动发言、有团队协作精神。此部分占课程总评成绩的30%。

第三，个人表现。个人表现包括课堂出勤率和期末考核成绩。期末考试摒弃传统的考场笔试形式，采用更为灵活的任务形式，如完成调查问卷和调研报告、撰写策划书、案例分析、开放性论述题等。考核内容的布置、学生提交作业、教师打分、分数统计分析均可通过雨课堂进行。

微课—雨课堂的教学评价方式设计强调过程性评价与终结性评价相结合的形式，突出更能反映学生学习能力和实践能力的考核方式，能够实现对学生更全面、真实、客观的评价。

总而言之，基于微课的混合式教学模式是一种全新的教学模式创新，学生利用微信就可以进行自主学习、完成测试、小组讨论等功能。这充分利用课前课后等碎片化时间，使学生的学习变得更为主动和高效，师生之间的沟通更为顺畅，有助于强化教学效果，提升学生的综合素质。高校在教学中应用该模式时，首先，应注意教师角色的转换，突出教师的主导作用和学生在学习中的主体地位；其次，注重学生的学习体验，对于教学环节的评价等资料与数据不断调整和修正教学环节设计，使混合式教学模式给学生带来新颖、高效的学习体验。

第三节 基于慕课的混合式教学创新

一、慕课对教师课堂教学能力的影响

（一）对教师课堂组织能力的影响

教师的课堂组织能力是教师必备的教学技能。没有科学有序的课堂管理秩序，就没有良好的课堂效果，学生学习的主动性、积极性和最后的学习成绩也都无法得到保障。课堂组织能力需要充分发挥课堂优势，引导学生学会主动学习，从而达到提升课堂教学目标，完成教学任务的课堂基本形式。课堂的组织能力是体现教师综合素质的关键能力，需要教师不断学习新的教学理念，从日常教学经验中汲取能量。通常而言，教师的课堂组织能力越突出，班级管理就会越好，有利于实现班级管理目标，教学成绩的提高在此基础上就会水到渠成。课堂组织管理，需要教师在与学生的相处中发现和研究，最后和学生融为真正的集体。如果教师没有真正地深入学生内心，没有下功夫研究班级管理，没有深入了解课堂的组织方法和形式，就会影响教学成绩的提高，最终导致教学任务拖延。因此，教师的课堂组织能力是新课程实施过程中需要不断深入发掘的重要技能。

在长期的发展实践中，慕课已经远远超出了最初的学习资源共享的范围，转而向综合服务范围，包含课堂交流、课后练习、课下讨论甚至是毕业证颁发等。"开放"这一核心特质在慕课模式中体现得淋漓尽致。毫无疑问，慕课的广泛应用证明了"开放"的价值。同时，由于这种开放，原有的相对固化的课堂模式被彻底改变，任何年龄段、教育背景的人都可以不受局限地选择自己喜欢的课程，这种模式是对现有教育模式的一种颠覆。

1. 传统教学形式的教师组织技能

传统教学形式的教师课堂组织技能运用的要求包括：第一，通过教学组织技能的运用，使学生明确学习目的，热爱科学知识，形成良好的行为习惯；第二，要达到课堂组织的目的，教师必须了解学生、掌握学生基本情况；第三，重视集体风气的形成；第四，做到灵活多变、因势利导，综合运用多种教育形式；第五，教师要随时意识到自己对社会和学生所承担的责任。

2. 传统课堂组织技能的特点

传统课堂组织技能的特点包括以下几个方面。

第一，课堂组织能力要达到的目标是管理好课堂秩序。在课堂教学中，秩序井然是有效教学的基础。要达到管理好课堂秩序的目标，应做到建立健全激励与批评机制。激励措施是尊重学生的基本要求，批评措施是对学生的负责。在日常教学中，教师应充分肯定学生的努力，做到关怀每一个学生，但是不能放任他们的错误，在他们犯错时必须坚持批评机制，如此才可增强学生心理素质。

第二，组织能力的根本衡量标准是学生注意力的集中程度，因此，组织工作的要点就在于去除一切不利于学生注意力集中的事项。但要注意的是，切忌事无巨细、面面俱到。因为教师个人精力是有限的，且必须将主要精力放在课堂授课之上，毫无重点的组织行为只会让整个课堂索然无味。平衡教学方法的使用可以灵活地控制教学节奏。有经验的教师备课必先备学生，即首先熟悉学生，根据学生的认知水平选择适当的教学方法，切忌教学方法一成不变，而是应根据学生实际设定不同的教法，把课堂变成学生思维活跃的天堂，学生的兴趣必然会提高，也会期待下一堂课。

第三，课堂组织能力归根到底是引导学生主动进入课堂。因为学生的兴趣很容易转移，会导致实现课堂教学目标的难度增大，因此需要教师的引导，时刻保持学生的兴趣热情，及时返回课堂，把不确定性变为确定，把学生学习的兴趣和爱好作为每堂课重要的学习任务。教师在课堂中可以通过一定的措施联系生活实际，激发学生的学习热情。

第四，尊重学生个性，营造有利于学生个性发挥的课堂环境，进而调动学生的学习积极性。诚然，树立教师权威是保证课堂平稳运行的重要砝码，但过于轻视学生个性只会导致学生自信心的下降，表现在学习上就是学习内容创新能力与理解能力的降低，因为他们往往在等待教师公布“标准答案”，而不敢有个人见解。

综上所述，要想充分调动学生的学习积极性，不但要充分发挥教师的主观能动性，还要尊重学生的个性与创造力，更要营造一个主次分明、重点突出的授课环境。最后要强调的是，教师始终是在课堂上起到重要作用的那个角色，所以教师首先要对自我有一个清晰而完整的认识，以此为基础，才可以谈论教学风格、教学内容。而一个自我认知不明的教师，很容易被“模范课堂”所影响，导致教学模式单一。此外，教师面对的群体是学生，这一群体尚处于审美、性格的成长阶段，因此教师在衣着打扮、言谈举止方面也要特别注意。

3. 慕课教学形式下教师课堂教学技能

课堂是由教师、学生、学习内容及课堂教学环境构成的一种总体关联系统。作为全新的教学形式，慕课引入课堂教学，颠覆了传统的课堂教学形式，课下预先进行的在线微课程取代原来课上的知识传授，而原来课后学生独立进行的知识理解和吸收过程，成为课堂教学的主体内容；教师利用各种方式引导和协助学生自主参与，注重培养学生的认知技能和自主学习能力，将课堂教学进行颠覆性“翻转”，对传统教学系统下各必要因素进行了动态组合，从而构建更为良好的课堂教学生态。

（1）重构课堂教学理念。

首先，从“以教为主”转为“以学为主”。传统教学模式的课堂活动以教师为主体，由教师决定和主宰教学内容、进度、方式等，学生被动服从和接受，课堂教学的过程其实是教师的知识传授和学生的认知过程，重点在教师的“教”。这种以知识、理论、教师为中心的传统教学理念，剥夺了学生的自主性，违背了教学的初衷和意义，将学习异化为他主学习。在慕课基础上创建的翻转课堂教学模式，将传统课堂教学内容放到课下借助慕课视频完成，而将知识的理解和内化过程作为新的课堂教学内容，以学生为中心开展自主学习，教师从旁指导和协助，重点强调学生的“学”。教师通过组织小组讨论、答疑等方式，充分调动学生自主能动性，切身参与学生学习中进行倾听、引导和协助，给予学生充分的课堂自主权，让学生在偶然性的文化启蒙和持续性的精神启蒙中切身体验和实践，以课堂活动主体的身份自主建构知识，完成特定任务和活动。教师作为课堂的客体，站在和学生完全平等的地位给予指导、咨询、协调和精神关怀，帮助学生顺利、有效地开展自主学习。教学过程更像是师生之间深入交流互动、共同发展进步的过程，课堂活动以学为主，回归教学本质和初衷，培养学生综合能力和素质。

其次，从“预设过程”转为“生成过程”。传统教学理念注重预设性和确定性，把课堂教学变成照本宣科的、可重复的线性过程，强调“填鸭式”的知识灌输。学生作为教学客体，成为静止的、机械的知识接收“容器”，整个教学活动具有强烈的计划性、预期性和规范性，彻底忽视了师生的主体性、能动性和创造性等因素，是典型的“唯理性教育”模式。与之相对的新型先进教学理念，则注重教学活动的生成性和过程性，将教学活动看作开放的、多变的、复杂的、动态的完整过程，在师生深入交流互动中，学生对知识的自主架构过程充斥着各种变数和未知，会创造出很多无法预知的有价值、有意义的东西。在慕课基础上创建的翻转课堂教学，则是这种新型教学理念的生动实践。其在课下完成知识传授后，将课堂重心放在师生、生生之间的交流沟通和互动理解上，将理性和非理性因素有机结合，充分尊重和支持学生的自主性和创造性，使得师生在复杂、多变、创新的动态过程中有效发现、展示和发展自我，收获深层次的生命意义和价值，让学生在知识学习中获得思想、精神上的满足和成长。

综上所述，课堂教学理念的深入转变和重建，使课堂活动从以教师绝对主导、学生被动接受的模式变成师生之间平等交流、协商和互动的新型模式，使教师照本宣科、机械固化的唯理性教学方式变成充分发挥师生自主能动性和创造性的动态多变的教学方式，这些都是重新构建课堂教学生态的基础保障和前提条件。

（2）重构课堂教学目标。在很长一段时间内，我国基础教育的目标是注重基础知识和基本技能的“双基”培养教学，教师利用课堂讲解知识，将技能灌输给学生，学生处于被动接受的位置，教学形式具有强烈的他主性，缺乏学生主观意识对知识的思考和加工，不利于学生逻辑思维能力、创新能力、自主学习能力的发展。新课改下的基础教育目标则是基于终身价值而提出的，注重知识和技能、过程和方法、情感态度和价值观培养的“三维”教学目标。这一目标关注学生多方向、多层面的发展，是教育境界从低到高逐层递进的突出展现，这些综合能力的培养，可以让学生终身受益，有利于他们的发展和进步。基于慕课的翻转课堂极大地促进了三维目标的实现：①翻转课堂将以往课堂教学的主要内容——基础知识的学习放到课下，由学生利用慕课视频自主完成，不但实现了初级认知目标，而且为后面两个目标的实现提供了前提保障；②课堂教学的内容变成师生之间共同配合研究、探讨、交流、解决真实问题，并让学生在教师引导和帮助下发现旧知识与新知识之间的内在联系，有效地构建知识体系，最终实现知识的内化和吸收。

（3）重构课堂教学实施过程。慕课的应用颠覆了传统教学过程，有利于有效解决和弥补这一过程中存在的问题和缺陷。基于慕课的翻转课堂教学在教学组织形式、教学内容、教学重点上都进行了有效改革，开创了课下通过慕课传授知识，实现认知目标，课上师生深入交流、探索问题，实现方法掌握与情感体验目标的新型教学形式。以主体性、开放性、创造性的问题探究型教学内容和流程取代传统的封闭性、机械性、确定性的意识预设性教学内容和流程。教学重心从认知转变成自主架构。这种全新的教学过程给教师带来巨大挑战，要求教师完全打破原有的角色设定和教学模式，深入接受和熟练应用新的教学角色和模式：从原来的知识传授者、课堂主导者、教材执行者，变成学生自主学习的引导者、协助者、组织者和咨询者；从灌输式的机械教学方式，变成以启发、探究、创新等目的为主的新型教学方式。此外，还要不断调整和优化学习过程及方法，时刻注重对学生情感态度、价值观等精神层面的培养和引导。

总而言之，要以“三维目标”为教学导向，深入培养学生各项技能和能力，引导其形成正确的思想道德和价值观念，让学生终身受益，成长为新时代发展需要的复合型综合应用人才。

（二）对教师课堂讲解能力的影响

自从班级授课制提出以来，课堂教学形式便应运而生。然而，在经年累月的教学实践中，一部分教学一线的教师或教育理论家对课堂教学变革的呼声一直没有中断，他们或大胆地实践尝试，或进行建设性的理论探索。慕课改变了知识传授者与学生之间的关系，推动了学校教育、课堂教学方式的变革。直面慕课，如果学校和课堂教学方式不改革，很有可能无法在国内教育教学行业继续立足，更无法在世界教育教学改革大潮中占据优势。面对慕课提出的种种挑战，教师必须重新审视面对面教学这种课堂教学方式的处境。挑战是严峻的，同时也孕育着良好的变革机遇——慕课为课堂教学及课堂生态的重建指明了全新方向。

1. 传统教学的教师讲解技能

课堂讲解技能的主要功能。讲解指讲授法，即教师通过口头语言向学生讲授、传输知识和技能的教学行为和方法。讲解借助语言深入研究和剖析知识的必要组成因素、形成过程和内在联系等，帮助学生系统理解和掌握知识的内涵及规律。讲解最主要的特点是用语言传递教与学的双向信息。

在课堂教学过程中，讲解通常和其他教学技能相配合，用于传授科学知识，解决学生在学习过程中遇到的疑难问题，加深师生之间深层次的情感互通和互动、培养师生感情等。教师通过讲解能够有效帮助和引导学生增加知识储备量、培养各种学习能力、树立正确的思想道德观念等，是教书育人的重要手段。大量研究和实践证明，准确、恰当的讲解既能让知识的传授过程变得得心应手、有效地节约教育成本，又有助于学生高效率、高质量地认知和理解知识。

2. 课堂讲解技能的应用原则

课堂讲解技能的应用原则包括以下几项。第一，学科性，即“说行话”，要求每个学科的任课教师将本学科的专业术语作为核心语言，以此来解说和剖析知识内容。因为不同学科有其独特的基础概念和理论体系，它们共同组成了具有鲜明的学科特征、蕴含本学科知识内涵和规律的知识结构系统。第二，点拨思维。教师的讲解要充分尊重和遵循学生的认知规律，严格按照从表面到内核、从已知到未知、从具体到抽象的循序渐进的认知过程。教师要在学生认知能力和情感需求基础上，巧妙提出学生关注的思考性问题，并结合相应的情境设定，有效激活学生的学习欲望和兴趣。同时，要善于在讲解过程中点出矛盾，引导学生思维方向，帮助他们充分地发现问题，有效地解决问题，进而树立正确的解决问题的思维方式。第三，生动启发。教师通过口头语言传授知识，虽然有利于教师自主把控教学内容和方式，但通常情况下，学生只是被动接受，缺乏一定的自主能动性。如果不注意，学生很容易陷入松散倦怠、注意力不集中的状态，从而影响教学效果。这就对教师的讲解水平和能力提出了更高要求。所以，教师要充分发挥语言艺术，加强情感交流和互动，利用生动鲜活的案例、故事等内容调动学生积极性，启发学生思维。

3. 课堂讲解的类型

讲解教学依据具体内容的性质，可分为事实性知识讲解和抽象性知识讲解两个类型。

第一，事实性知识讲解。主要运用于文科教学活动，指教师详细地解释、说明、阐述教学内容中具象的事件（事物）及其发展过程（开始、进行、结果）等。

第二，抽象性知识讲解。主要运用于理科教学活动中，主要讲解内容包括概念、原理、方法、结构、公式、规律、问题等。依据论证的思维方式，又可将抽象性知识讲解分为两种。①归纳式讲解。带领和指导学生对某些具体物质的相关事实材料进行研究分析、对照比较和归纳总结，提炼出事物共有的本质、特征或规律等。②演绎式讲解。带领和指导学生运用特定的原理、公式等，合理推理、论证某个事物，最终得出结论，认识事物。该教学方式遵循的认知规律和归纳式讲解相反。采用演绎式讲解时要综合考量学生的实际情况，充分考虑学生的认知能力和接受程度，应谨慎选择。

4. 课堂讲解的一般程序

讲解教学是围绕课程主题开展的系统连贯、层次明晰、顺序明确的阶段性完整教学活动。

（1）事实性知识讲解程序。①首要阶段——提出问题。主要是为了集中学生注意力，通过对知识内容简明扼要的概述，让学生对接下来的教学内容有大体了解和把握。②主体阶段——叙述事实。进一步详细描述和介绍具体事实，从而达到以事论理的目的。③关键阶段——提出要点。引导学生从事实内容中提炼出其背后蕴含的思想和道理，深刻把握内容主旨。④最后阶段——核查理解。检查和评价学生的学习成果，考查学生对具体事实和主旨思想的理解和掌握程度，并给予及时合理的反馈评价和建议。

（2）抽象性知识讲解程序。依据抽象性知识讲解的思维方式可分为归纳式和演绎式两种，这两种讲解方式的程序正好相反。

第一，归纳式讲解程序。它是指从具体、特殊的事物中提炼总结出抽象、一般的本质、规律等相关概念的思维过程。其具体程序主要包括：①主体阶段——列举感性材料。主体阶段是整个程序的基础。罗列出来的感性材料既要与一般本质、规律等紧密相关，又要尽量保证典型、丰富，以免因为感性材料问题总结提炼出片面、错误的概念。②关键阶段——指导分析。充分调动学生思维，引导学生根据要求将所有感性材料进行形式、内容、特征、关系、成因等方面的整体性分解，为下一环节奠定基础。③核心阶段——综合概括。综合概括和分析同属智力活动，是利用思维将上一阶段分解的结果整合起来进行对照比较，筛选并找出共有属性，再总结归纳得出结论。④最后阶段——巩固深化。将新结论进行类化，帮助学生在类推中加深对知识的理解和记忆。

第二，演绎式讲解程序。它是从一般、抽象的事物中推理、论证出具体、特殊结论的思维过程。其具体程序包括：①起始阶段——提出概念。这是所有环节的基础，包括提出抽象概念，分析较高的原理、概念、定义、公式等。②关键阶段——阐明术语。主要是为了更加清晰明确地界定概念，准确把握其内涵和外延。③核心阶段——举出实例。将提出的抽象概念运用到具体事物上进行推理论证，得出结论，是从一般到具体的思维过程。④最后阶段——巩固深化。经过实例论证得到概念，再经过运用和说明等操作进一步加深理解，巩固认知。

5. 讲解技能运用时应注意的问题

在讲解内容准备阶段，教师不但要清晰把握内容的知识点、重点和疑难点，让讲解过程条理清晰、层次分明，易于学生掌握，还要特别注意新旧知识之间的内在联系，遵循知识体系的规律和逻辑顺序，使新知识完全融入已有知识体系中，以形成完整的整体，否则容易形成“知识碎片”，不利于系统掌握和应用。

在讲解过程中，应充分激活学生的认知思维，有意识地将已有知识与即将学习的新知识联系起来，引导学生利用已有知识思考和把握新知识，培养学生的认知能力和自主学习意识。然后进行针对性的细致讲解，有效吸引学生注意力，加深其对知识的理解和掌握。教师要多方探索和学习、不断积累经验，找到最适合的讲解方式，既要有效调动学生的积极性和求知欲，营造轻松愉快的学习氛围，又要保证讲解的高质量、高效率。

6. 慕课教学形式下教师的讲解技能

课堂“翻转”后改变了传统课堂教学相关必要因素的动态组合，这种改变势必引起讲解技能的变化。慕课的教学过程可以用交流信息的方式呈现出来，教师需要运用类似于谈话方式的讲解，其音调也需要进行变化，其高低强弱因学习内容而定，通过夸张有效地突出重点，引起学生的共鸣。课程的重点要言简意赅，深入浅出。只有抓住重点，才能突出重点。对于重点问题，要讲精、讲透。精讲不等于少讲，如果讲得过于简单，学生不能掌握所学内容，更谈不上精益求精。对于能举一反三的内容，“举一”是教师的事，要多讲，讲深、讲透，直到学生能“反三”；“反三”则是学生的事，是学生在学习过程中利用已知探求未知的过程，在这个过程中教师尽量不要讲，更不能包办、代替。

教师在慕课教学讲解过程中，要注意以下三个方面的问题。

第一，联系新旧知识，形成完整体系。讲解教学的显著优点之一是能够帮助学生充分了解和把握新旧知识之间、新知识内在必要因素之间的联系。教师在日常讲解教学中，既要帮助学生形成完整的本学科知识体系，又要引导学生建立起科学的认知结构。教师在讲解时要将新知识与学生已有知识结构联系起来，对其进行深入浅出、准确清晰的讲解，便于学生更好地理解和吸收新知识，并在新旧知识之间建立起实质性联系，将新知识完全融入已有知识体系中，形成有机整体。总的目标是让学生能够融会贯通，提高认知技能和能力。

第二，启发思维，发展认识能力。讲解的主要目的除了传授具体知识，更重要的是引导学生开动脑筋、建立正确的思维方式和认知技能。这就要求教师在讲解过程中善于引导和启发学生，充分调动学生思维，引导思维逐层深入，让学生在学习知识的同时学会如何学习知识。教师在运用各种生动形象的讲解方式时，应从具体到抽象、从感性到理性层层递进，帮助学生准确把握认知规律和方法，使学生养成独立思考和解决问题的习惯和能力。

第三，培养求知兴趣，激发学习动机。学习是不同动机共同作用的结果，深受学生情感、情绪等主观因素影响。学习兴趣是积极向上的、良好的学习心理，可以充分调动学生的学习激情和求知欲，产生无限动力。所以，教师要竭尽所能利用各种教学手段激发学生的学习兴趣和积极性，而深具趣味性、灵活性、直观性特征的生动讲解能够很好地达到这一目的。

（三）对教师课件制作能力的影响

传统的教学模式注重口授、板书、教材等方面，教学理念可以称为“填鸭式教学”，教师只作为传授者，而学生也只是死记硬背教师所说的知识点。然而，慕课充分利用现代的多媒体技术，使多样化的教学技术得以运用在课程中。慕课学习不再是传统教学口授、板书的课堂，它充分利用多媒体的信息技术，将影像等引入课堂中，使课堂内容变得更加丰富，更有吸引力，学生能够更加专注于课堂内容，学习效果更佳。慕课的课时短，避免了过长的课时让听课的学生注意力分散的问题，更适合于现阶段学生的时间安排，可以让学生充分利用碎片化的时间。慕课的教学模式更注重结构化教学，注重讨论和知识的延伸。相比于学生对基础知识的掌握，慕课更加注重对学生思想的培养，发现法、探究法、合作学习等方法可以帮助学生更好地开展学习。慕课除了课堂教学外，还可以实时追踪学生的课后互动，查看学生的学习状况、听课效果等。慕课可以根据学生的听课情况，开发个性平台，及时调整上课方式，构建人性化的教学。

近些年，互联网技术的成熟和发展推动了教学的发展，使得教育形式发生重大变革。慕课平台的出现，更引发了我国教育事业的变革。在现代社会中，人们的生活节奏越来越快，类似慕课短、精、快的教学模式越来越被大众所接受，被称为反复学习和终身学习的最佳方式。

慕课是一种适应现阶段的新型课程，它将更多的优秀教学资源投入网络，为没有进入知名学校的学生提供学习机会。慕课的发展适应现阶段的生活节奏，所以能够牢牢抓住消费市场。慕课视频时长通常在1～12分钟，以此来满足学生的学习需求。慕课中微课程的“微”是短小、精练的意思，是各大优秀教师根据新课程标准和课堂时间总结出来，它以在线教学为目的，将知识框架和重要知识内容在10分钟内展现出来，体现了教师对整个知识的掌握程度、对知识的整合能力以及对课外知识的延展能力。

慕课的时长较短，教学目标明确，教学效果更加显著。短时间的教学可以使学生在短时间内注意力高度集中，并且在互联网模式下，使学习更加便利，摆脱时间和地点限制，随时随地学习。传统的网络课程通常是将教师讲课的视频录制下来并且放置于网络上，而此类视频缺乏针对性，缺少个性化，会影响在线学生的积极性，存在不能使学生充分理解、持续性学习，导致学生学习热情下降等问题。教师课件中的视频应满足以下要求。

1. 视频要短小精悍

学生在学习过程中最常遇到的问题是对知识的接受能力较低，学生不能感受到知识的纳入，积极性会被打消。因此，在设计视频时，要重视认知超载的问题，减少视频中与课程无关的信息，将抽象内容具体化，加深学生的理解，降低学生在学习过程中出现难以理解的风险，并且可以在视频中的关键处做出标记，引起学生的关注，以此提高学生的学习效率。慕课的表现方式和学习方式，是将课程进行适当分解，将难以理解的知识进行分解，并把视频控制在 10 分钟以内。一般而言，视频越短，越可以满足学生的学习碎片化需求。在视频短小基础上，教师不应将视频中的知识内容缩减，而是要将内容细化，让一个视频至少解决一个学习问题，对学习问题进行把握设计、理解、开发和深度讨论。在微课视频中，大多是以问题作为开头，通过讨论问题展开学习。微课视频的短小模式，要求教师在课程之初就要开门见山地提出课程主体，通过提问方式，引起线上与线下互动，引发学生的思考，提高学生的学习兴趣，这样的视频模式和内容可以保证学生集中注意力，提高学习效率。

2. 视频采用丰富的教学手段

微课程是慕课教学的一部分，是慕课学习中的重要组成部分，课程设计者在设计视频时，应适当将各种娱乐图片融入其中，在不同学习内容要求下，选择不同的教育手段。微课视频的教学要不同于传统网络教学，传统网络教学是面向大众的，而微课教学是有针对性地进行个案讲解，通过情景模式引导学生学习。

3. 视频与媒体结合的运用

现在是多媒体信息技术高度发展的时代，教学也需要与时俱进。慕课教学中的微课程视频包含很多媒体必要因素，如文本、图片等。课程设计者在视频设计之初，需要将这些因素考虑在内，尽量降低学生的认知难度，做到图文并茂，以利用视频等将抽象化、难理解的知识点具体化，帮助学生理解。多媒体系统给予课堂教学丰富的表达形式：鲜丽的色调、惟妙惟肖的界面、动听的乐曲，使知识内容图文并茂、生动形象，在学生认知与教学两者之间搭建起一座桥梁，帮助学生轻松地探寻知识的奥妙。视频与图片对人的吸引力远大于文字，课程设计者要充分认识到这一观点，将视频与媒体充分结合，由此设计出更加高效、更有吸引力的微课视频。

4. 视频配以简练的文字内容

在确定基本的视频内容、教学策略等后，课程设计者要对视频进行简单的文字插入，包含微课程的标题、章节、知识点、视频时长等。人们对声音的接受需要反应时间，如果再配上文字，对信息的接受则更加快速和具体，学生学习时的效率也会更高。大脑集中工作时间一般只有 10 分钟，微课视频要牢牢把握这一时间点，在视频设计和制作时，要以 10 分钟作为界线。如果视频过程中出现真实的主讲人，则可以通过动作表达，吸引学生的关注度，帮助学生加深理解。如果只是普通的课堂教学模式，会使学生感觉与传统课堂教学并无区别，微课的本身意义便会失去，学生的学习效率也会降低。所以视频中除了课程教学之外，课程设计者还应该为学生设计提示性信息，可以引发学生的思考，跟上课程进度。例如，利用符号标注，提示学生课程中的关键信息。

由此看出，在慕课的课程设计过程中，应该充分把握学生的主体地位，在设计之初就要关注学生的学习需求，只有真正掌握学生的认知程度和学习需求，才能更好地开展课程设计，才能为学生提供更加有效的微课视频，才能形成良性循环。微课视频大多主张开门见山，课程之初便提出问题，通过问题展开对知识的讲述，同时不断抛出问题，引发学生的思考，将实际操作中可能会遇到的问题在课堂中提出，使实际操作可以更加顺利地开展。在做好本期视频内容时，微课视频还要在短时间内做好与上一期视频的衔接，巩固上一期内容，同时做好下一期视频的过渡，为下一期的知识内容做好铺垫。

二、基于慕课的混合式教学的意义

推行慕课混合式教学是在信息时代实施因材施教的重要途径，教师从机械重复的教学工作中解脱出来所节省的时间和精力，完全可以充分投入因材施教的差异化教学工作之中，这在高等教育，特别是学校的通识教育课程中就显得更为重要。需要学习通识教育课程的低年级学生，正处于从基础教育阶段的应试教育思维向高等教育阶段的实践思维、批判性思维、创新性思维过渡的关键阶段。通识教育课程的选课学生往往来自不同的学院和专业，文理科专业背景也不同，知识结构和学习能力差异也很大，这就更需要教师根据学生的专业背景和知识结构对学生分门别类、有针对性地组织教学内容，布置相应的学习任务。在分类教学的基础上，还可以给予学生更多的人文关怀，根据学生的个体特点，进一步一对一地进行线上或线下的教学辅导。

基于慕课的混合式教学模式通过提高教学效率节省出的教学劳动时间，仅仅是为提高教学质量和精细度提供了一种可能性，具体是否能够真正起到实效，还要看学校和教师是否都有充分的认识并付诸行动。只有教师能够潜心教学，追求教学质量的提升，校方才能够积极创造保障条件支持教师投入教学，多方相向而行、形成合力，才能产生效果。

三、混合式教学中的慕课课程设计

（一）慕课课程大纲的制定

慕课仍然是课程，因此依然需要制定慕课课程的大纲。我们不能直接使用传统教学制定的大纲，而是需要根据慕课的特点，对课程大纲进行调整。

调整的过程和方法：开展面向学生、教师的问卷调查和座谈—了解学生对课程的需求和感受以及教师的感受—调研同类课程的开始情况—确定本门慕课的内容范围、学习目标、重难点—划分成“章”（模块）—将各章进一步划分为多个“节”（单元）—明确每节的名称和内容（每节一般对应一个相对完整的知识点，表现为一个短视频）。

（二）慕课资源分模块教学的内容设计

每个模块通常可以对应一章，每章中包括以下部分。

第一，本周（章）导学。编写本周（章）学习的内容提要、重点、难点、学习要求和提示等。导学内容不宜过多，应简洁明了、条目清晰。

第二，本章学习视频。设计制作本章的一个或多个短视频。通常，每个短视频对应一节。

第三，本章参考资料。参考资料是除了主视频等资料之外的学习资料，可以是课程教学演示文稿、答疑小视频、论文、书籍、报刊、在线文献或其他参考资料等。根据相关性，参考资料一般发布在某个短视频后。每个授课单元的答疑小视频可放在该单元教学内容的最后，供学生观看。

第四，本章作业。如果作业为主观题，可以采用同学互评或教师批改的方式进行评分；如果作业为客观题，则应归入测试题中，这样可以自动评分。作业的评判标准应当公平、公开，其中同学互评的评判标准要详细、易于理解，方便学生们评判并给出合理的分数。

第五，实验。如果课程有实验实训环节，则应将实验实训内容发布在慕课平台中。实验实训可能是线上的（如虚拟实验、计算机类操作实验），也可能是线下实体环境中的实验。

第六，测试题。编写各章的测试题，包括每章结束后的“每章测试”，根据章节内容可设置20个左右的选择、填空、判断等题目。同时在每个视频中间、视频结束后还应设计与该视频内容紧密相关的小测试。视频中一般设置1～2个题目，如每隔5分钟出现一个客观题让学生回答，答对后才能继续观看。每个视频观看完毕后，可设置3～5个测试题。

第七，网上讨论主题。为了引发学生对学习内容的思考，教师可针对每章内容设计几个让学生讨论的主题，内容通常与本章重难点内容相关。学生仍然可以发布其他讨论主题。

（三）慕课课程设计的主要信息

课程主要信息通常包括两个部分：课程简介和常见问题。

第一，课程简介至少应该包括课程名称、学分、课程目标、知识单元与进度安排、成绩考核方式、授课教师、课程特色、课程各模块间的关系图、课程学习所需的前导课程、成绩评价方式及有关要求、教材与参考书等内容。如果课程为学位课程，则应说明本课程在人才培养体系中的地位；如果课程为混合式教学的一部分，则可以介绍教学方法及组织形式、线下教学活动的安排等。课程简介通常发布在课程首页，可以采用视频或图文的形式进行说明。

第二，常见问题需要罗列本课程学习中可能遇到的常见问题。一部分通常是学习方法类型的问题，一般不涉及具体的学习内容，如关于如何查看学习进度、课程成绩计算方法、如何参与讨论、如何观看直播、如何申请证书、错过了考试怎么办、浏览器选择、平台使用方面的问题。另一部分可能涉及课程具体内容。常见问题通常以问答形式说明。

四、基于慕课的混合式教学体系

（一）基于慕课的混合式教学目标设计

基于慕课的混合式教学的背景是互联网时代的网络化学习，因此，混合式教学蕴含的深层内涵和要义是打破传统教学的时空限制。换言之，互联网环境中学习者的所有学习和探究行为都是在网络联通的前提下进行，在整个学习和解决问题的过程中可以随时进行互联网搜索以及与网友沟通交流，因此，整个学习过程与传统课堂教学在限定的时间、限定的场合要求学生在信息来源渠道相对单一的条件下相对独立地完成学习过程相比有着巨大的改变。随着这种教学模式的变化，课程的教学目标也应进行相应的调整。

总体而言，基于慕课的混合式教学的教学目标与该课程使用传统教学模式的教学目标大致相同，但在教学目标的侧重点上应该有相应的调整，以适应信息时代对学习者新的要求。具体而言，基于慕课的混合式教学的教学目标应该侧重于学习者对课程内容的分析、运用和创新能力的培养，因为在当前云计算、大数据、人工智能等信息技术发展的时代，计算机在信息的存储和数据的运算方面已经全面超越了人类，因此在信息时代，对于人类而言主要应该培养的不再是记忆能力和运算能力，而应该是“迁移学习”能力。所谓“迁移学习”，就是指人类思维可以将以前学到的知识应用于解决新问题，更快地解决问题或取得更好的效果。迁移学习被赋予这样一个任务：从以前的任务当中去学习知识或经验，并应用于新的任务当中。换句话说，迁移学习的目的是从一个或多个源任务中抽取知识、经验，然后应用于一个目标领域当中去，因此，迁移学习的核心就是我国传统教育思想中一直强调的“举一反三”的能力。虽然目前人工智能研究领域试图使计算机也具备迁移学习的能力，但从总体上看，迁移学习仍然是人类思维区别于计算机人工智能最显著的一个特征，也是信息时代的学生应该重点培养的能力，同样也是信息时代课程教学最重要的教学目标。

基于慕课的混合式教学目标的侧重点是在提高学生在信息时代下的探究性学习能力，避免死记硬背地识记和运算，帮助学生摆脱应试教育中学习是在限定时间和孤立空间内完成的个人行为的思维，培养学生能够在网络空间的弹性时间内通过共享的知识库和社交网络自律地进行自主学习，从而提高分析能力、问题导向思维能力、批判性思维能力、迁移学习能力、团队协作能力等。

（二）基于慕课的混合式教学学习者特征

基于慕课的混合式教学的一个重要意义是增加教学过程中的差异化教学和个性化教学的比重，在基于慕课的混合式教学系统设计中，对学习者特征进行分析是需要重点分析和研究的方面。特别是由于很多高校将慕课混合式教学率先应用于通识教育的素质选修课教学中，而高校全校性通识教育选课最大的特点就是没有学院和专业的限制，同一门课程的选课学生来自文科、理科、工科等不同的学院和专业，因此，如何有效地进行学习者特征分析，采集并分析学生的相关数据，根据学生情况进行合理分类，设计适当的团队分组原则，是基于慕课的混合式教学学习者特征分析的主要目标和意义。

第一，专业背景。专业背景是学生所在的学院专业的客观信息，一定程度上可以反映学生的知识结构，在基于慕课的混合式教学中，为了提高教学效率，所有的客观数据都应该从教务系统中自动同步。

第二，知识结构。学生的知识结构可以参考其专业背景来分析，但是需要注意的是，当前学生的知识结构越来越多元化，因此不能机械地用专业背景来推断学生的知识结构，可以通过问卷调查和小测验的形式收集并分析学生的知识结构。

第三，兴趣爱好。兴趣爱好往往对学生的学习动机和积极性产生较大的影响，特别是在面向差异化教学和个性化教学的教学设计中，根据学生的兴趣爱好有针对性地组织教学内容并引导学生进行探究性的学习是教学设计的主要目标。兴趣爱好可以通过问卷调查的形式收集数据。

第四，自评。自评的含义是要求学生在正式开始课程学习之前，通过填写教师设计好的问卷，对自己当前的知识结构和能力水平进行自我鉴定与评估，帮助学生正视自己的现状，分析自己的特长和短板，以便在学习过程中有针对性地弥补自身存在的知识短板。

第五，认识同学。基于慕课的混合式教学的一个重要特点就是强调互联网环境中的团队协作式学习，避免出现很多教育专家担忧的慕课让学生学习过程更加孤僻的问题。团队协作的前提是认识和了解同学与可能的队友，因此，学生的专业背景、知识结构、兴趣爱好、自评数据等信息应面向全班学生公开，让学生在充分认识自己的基础上充分认识同学，引导学生思考如何在团队学习过程中充分发挥自己的特长，并且能够积极与团队成员进行合作，最终通过课程学习提高学生的沟通交流能力和团队协作能力。

第六，痛点分析。学生在开始课程学习之前应该对自己学习该课程的痛点进行分析，从而让教师能够进一步掌握学生的特征，帮助学生在学习过程中重点解决痛点。以高校一门与信息技术相关的通识教育课程为例，通过问卷调查分析可以看出，文科学生的学习痛点是担心课程内容太难、学不会，而理科和软件相关专业的学生担心课程内容太浅，会导致浪费时间，所以在教学设计中如何满足不同专业背景和知识结构的学生的学习需求就是教学设计重点要解决的问题。

第七，性格特征。除了显性的专业背景和知识结构等信息之外，学习者的性格特征往往更难以察觉，在传统教学中对学生性格的分析往往也会被忽视。但是在强调团队协作的混合式教学中，学生的性格特征是非常关键的因素，可能会影响学习团队内部的合作和协调，因此了解学生的性格特征是教师对学生进行有效的沟通、交流和辅导，以及合理制定团队分组策略的重要依据。需要特别注意的是，由于人的自我防御机制，直接的问卷往往难以获取被测者真实的数据，因此，可以使用专业的心理性格测试问卷对学生进行性格特征分析。

第八，学习者特征分析的技术要求。传统的教育研究往往基于大量的问卷调查，在当今云计算、大数据、移动应用技术全面普及的时代，如果仍然沿用“纸质问卷＋人工整理”“网络问卷＋人工整理”的形式，就会显得非常不合时宜，使教师和助教完全没有从机械的手工劳动中解脱出来，教学效率不但难以提高，反而会因为对学习者特征分析的细化而进一步增加工作量，因此，在基于慕课的混合式教学系统中，基于移动 App 前端界面和自动处理数据并生成数据可视化报表的后台数据处理系统是进行学习者特征分析的先决条件。具体的形式和操作流程是，教师通过教学 App 发布问卷，学生用手机就能完成填写和提交，提交后的数据自动生成可视化报表，教师可以通过后台管理平台进行进一步分析，学生可以直接在手机中查看与自己有关的报表（如个人和同学的兴趣与能力雷达图）。具体的技术实现，有条件的学校和教师可以自主设计并开发 App，也可以使用一些慕课平台内置的问卷和数据统计功能；没有条件的学校和教师可以充分利用互联网中的在线问卷网站服务来完成。

五、基于慕课的混合式教学环境

基于慕课的混合式教学打破并重构了传统校园课堂教学的时空结构，导致学习环境与传统教学相比更加多元化、更加复杂，因此，基于慕课的混合式教学的学习环境设计必须有全局性和系统性的考虑，在建设和完善校园教学环境的基础上，充分利用社会资源和互联网资源，将各种资源进行合理有效的整合，形成基于互联网的混合式学习环境，共同为达到教学目标服务。

打造支持新型教学模式的信息化生态环境，构建智慧教学环境已经成为高校信息化建设的主要目标，各高校应该推进智慧校园建设，不断完善无线校园网覆盖，建设智慧教室，开发慕课课程，构建全方位的教育云，综合利用互联网、大数据、人工智能和虚拟现实技术探索未来教育教学新模式。在智慧教室的设计中，遵循“以人为本”的理念，高度关注用户的环境体验、活动体验、情感体验、思考体验和关联体验，以创新人才的培养为目标和核心，构建创新型智慧教学环境，为师生提供轻松舒适的学习环境和全媒体的信息获取渠道，打破教学沟通的壁垒，通过发挥教师的主导作用，实现学生的主体地位，促进以教师为中心的课堂教学模式向“以学生为中心，以教师为主导”的智慧型教学模式转变，从而实现学习者在学习过程中的地位由被动向主动转变，学习过程由以记忆为主的知识掌握向以发现为主的知识建构转变，知识的习得由个人的、机械的记忆向为社会的、互动的、体验的过程转变。高校在教学信息化建设过程中应注重秉承以教学为中心，深入教学内容，紧密结合教学过程，创新教学模式的理念，全力推动信息技术与教育教学深度融合。

在基于慕课的教学改革过程中，将注重线上与线下相结合，通过混合式教学改变教学方式，并改变学生的学习习惯和学习模式，使知识传递形式更加多样化、可视化、立体化。从教师“教”的角度，加速信息类聚、整合理解、迁移运用、批判思维和知识构建等，促进学生“深度学习”；从学生“学”的角度，逐步从“要我学”转变为“我要学”，最终有效缓解教育需求差异化、个性化问题。高校在推动翻转课堂和慕课等信息化教学模式的过程中还要同步提高教师的信息化教学应用能力，构建校本教学资源库，促进传统课堂教学模式向线上与线下混合的翻转课堂教学模式转型，从而进一步提高学校的人才培养质量与水平。

（一）网络环境

慕课混合式教学所需的网络环境包括校园网络和外部互联网，并且特别强调无线网络和手机移动网络的接入，需要从多个方面进行整体的网络环境构建和优化。学校应该积极构建层次分明的校园教学网络，校园网的意义和价值不应该是简单的校园内接入互联网的接口，重点不应该是提供通用的互联网接入服务，而是应该将主要的带宽和资源用于保证教学相关的需求，并且合理划分网络层次，能够根据教学需要随时限制或断开与教学无关网络的访问。校园内的教学环境包括教室、实验室、图书馆。应该积极建设校园无线网络，确保学生能够在混合式教学中充分使用个人笔记本电脑和手机等自带设备终端实现实时的信息检索，并通过移动教学 App 与教师和同学进行交互。校园无线网同样需要对非教学流量进行限制，通过限流保通的机制保证大量学生并发接入时都能够正常访问教学资源。除了学校自建的以教学应用为导向的校园网之外，在当今智能手机全面普及和移动网络资费不断下降的背景下，学校应该加强与手机通信运营商的合作，引入运营商为学生提供适合学生网络化学习的流量资费套餐，让学生能够随时随地访问教学资源。

（二）学习社区

学习社区包含课程的分组团队和互联网中的虚拟学习社群，教师对课程学习社区的营造和管理是基于慕课的混合式教学的核心教学形式之一。教师在通过即时通信软件建立基于腾讯 QQ 群、微信群聊的网上学习社区后，要注重经常保持在线与学生进行交流沟通，营造良好的网上学习氛围。具体的注意事项包括以下几个方面。

第一，教师应该尽可能地保持在线，实时反馈学生的问题，因为基于慕课的混合式学习的特点是学生往往会在晚间和周末等没有课堂教学的时间，进行慕课的学习和思考，因此，教师在这些非传统的工作时间段与学生的交流就显得非常重要。

需要特别注意的是，要求教师保持在线并不是要延长教师的工作时间和增加教师的工作量，只需要教师保持一种与学生真诚沟通的心态即可。因为现代人对手机的使用黏度越来越高，很多人平时都加入各种好友、兴趣、社区、同事等群聊，并且对自己关心的群聊都能随时保持关注和参与，所以在混合式教学的学习群中，教师只要能够像对待自己的个人兴趣群一样对待课程的交流群即可。

第二，教师在课程交流群中的主持、调动、引导作用远比传统意义上的答疑作用更重要，在基于慕课的混合式教学实施过程中，不同学生的问题往往比较雷同，回答一次之后就可以将该问题汇总发布到网上的常见问题与解答之中，今后再有学生提出类似的问题就可以让学生自己查询。经过一轮教学过程后，常见问题与解答的内容越来越完整，教师的工作量会逐渐减少。但需要注意的是，即使是简单地回复学生去查常见问题与解答，这种实时的回复也非常重要，因为实时反馈可以有效地体现教师对学生的人文关怀，消除学生对教师的心理隔阂，能够有效地培养学生的学习积极性和自主探究学习能力。因此，教师参与网上学习社区特别要避免采用定时答疑形式，以免给学生产生例行公事的印象，从而减弱学生参与学习社区交流的积极性。

第三，在基于慕课的混合式教学中，教师可以观察并挑选学习积极性高、学习理解能力强的学生作为团队分组的组长，在网上学习社区中培养骨干学生，通过骨干学生在学习小组中传达教师的教学要求并协助教师进行答疑，通过生生交互进一步提高混合式教学的效率，并培养和锻炼学生的协作学习能力。

（三）实验室与智慧教室

基于慕课的混合式教学除了线上的慕课资源外，还需要有线下的学习环境，根据基于慕课的混合式教学的教学目标，传统的多媒体教室已经不再适合团队分组教学和探究式学习的需要，因此，学校有必要根据自己的课程特点设计并建设满足基于慕课的混合式线下教学需要的实验室和适应团队分组讨论的智慧教室。这类教学实验室的主要作用是开展教学内容中线上无法完成的实验操作，除传统的实体实验室外，学校还可以考虑建设基于虚拟现实和增强现实技术的数字化实验室。

能够满足分组讨论、智能手机和终端接入、网络远程交互的智慧教室是今后各高校实施基于慕课的混合式教学需要重点建设的教学环境。目前高校的教学环境还是以讲授式的课堂为主，虽然大部分教室已经配备了多媒体教学设备和网络接入，但从总体来看，其教学模式仍然是传统的课堂讲授，投影机等多媒体教学设备的作用更多是"黑板粉笔搬家"，学生在课堂内的信息来源渠道单一、参与度不高，更多是对教师讲授知识的被动接受，高校生从基础教育阶段延续而来的应试学习思维普遍存在。因此，信息化教学如何适应培养创新型人才的要求，成为下一步教学环境设计和建设的首要问题，需要通过基于新的教学模式引导学生积极改变知识接受者的角色，紧密围绕创新创造能力培养这一主线，进一步深化，进而内化自己的知识，将其转化为自身的创新创造能力，从而实现"知、行、创"的统一。

（四）社会实践环境

基于慕课的混合式教学中除了实验实训以外，绝大多数内容可以通过网络在线开展，因此，教师应该认真斟酌线下教学活动的设计和组织，如果设计不当，很有可能会把完全在线上完成的内容又搬回线下，最终演变为"为了线下教学而线下教学"或"为了混合而混合"，导致混合式教学沦为一种新的僵化的教学形式，从而失去混合式教学的价值和意义。因此，在目前大学生普遍缺乏社会实践经验、国家大力倡导大学生创新创业能力培养的背景下，基于慕课的混合式教学的线下教学走出校园，深入社会，让学生在社会实践中深化对课程教学内容的理解，应该是各高校混合式教学设计的方向。

六、基于慕课的混合式教学管理平台

线上和线下活动的深度融合与互相促进都需要软件的支持。支持混合学习的功能如果分散在多个不同的软件中，对于教师和学生而言则需要熟悉多个软件。此外，由于数据难以集成，教师还需要综合分析多个软件中的数据才能充分了解学生的学习情况。因此，一个能充分支持线上和线下学习的慕课平台是混合式教学能够成功的重要因素。新的学习空间应该是智慧的、支持混合式教学的、虚拟与现实融合的空间。学习空间既包括传统的线下物理空间，也包括虚拟的网上学习空间，这两类空间应能通过软件实现融合。线下的物理空间需要增加感知和互动设备等硬件，这些硬件设备应能够被软件管理，且软件应与线上学习的学习管理平台统一或集成。这样线上和线下的学习均能通过一个或者多个互相集成的软件进行无缝管理，支持混合式教学活动更好地开展。

（一）慕课平台中不同主体的需求

混合式教学的活动包括线上和线下两部分，都需要学习管理平台的支持。在此，本书根据教学管理平台中的三类角色——管理员、教师和学生分别进行需求分析。其中，学生角色又分为两种：一种为注册的学习者，另一种为访客角色。

1. 学习者的需求

在混合式教学情景下，慕课平台通常需要为注册的学习者提供以下五个方面的功能。

（1）选课功能。选课功能主要包括选课、退出课程、分享课程等，还包括课程开课提醒、根据学生学习过的课程类型和名称等推荐课程信息等。

（2）个人信息管理功能。个人信息管理功能包括通过多种方式注册和登录（如通过邮箱、社交网络软件接口、手机号等方式），以及确认或找回密码时可选择邮箱、手机验证码等方式，完成个人头像、邮箱等设置。

（3）线上学习功能。学生选课成功后进行课程学习，能够阅读学习资源并进行交互。具体而言，学习者需要能方便地获取学习资源，随时随地阅读资料，以及与教师和其他学习者进行讨论；能方便地了解（主动查看或推送获得）课程的安排、近期需要完成的学习任务；在完成学习任务的过程中，能了解自己的学习进展和其他学习者的进展（完成度和排名等），能及时获得学习情况的反馈（具体的反馈意见），包括完成任务后及时给予的鼓励；学习遇到困难时可以通过讨论区、课程反馈等方式获得关注，当困难较大时，能获得更多的关注，甚至一对一的帮助；发现问题能够及时反馈，并且知道所反馈问题的被关注情况。此外，学习方式支持个人学习和小组学习，前者的学习任务要求每个人单独完成，而后者的学习任务则是以小组方式完成或提交。

（4）线下学习功能。线下学习功能主要是围绕课堂教学活动的相关功能，包括考勤、查看课堂活动安排、反馈课堂感受、参与课堂活动、查看课堂活动的表现等。具体而言，包括签到、查看课堂活动的具体安排，可以反馈课堂教学的具体感受（匿名或实名方式）；能够查看每次课堂活动中本人的表现和其他同学的表现等；能够提供课堂提问功能，手机提问功能为不习惯当面提问的学生提供了一种课堂互动方式。

（5）课程成绩与证书申请功能。能够查看线上活动和线下活动的成绩组成及各项得分，并能够进行证书申请。

2. 教师的需求

从任课教师的角度来看，慕课平台应提供以下几个方面的功能。

（1）开设课程和课程设置。在平台中开设一门或多门课程，能够对课程的基本信息进行设置。

（2）学习资源管理。能够发布和管理课程的所有学习资源，包括视频和非视频学习资源以及作业、试题库等；能设置学习资源的属性，如截止时间等。

（3）选课学生管理。能查看本课程的所有学生信息，并能根据学生的属性查看特定学生，可以设置课程的助教、设置学生分组信息以及给指定学生发通知或邮件。

（4）线上学习活动管理。设置课程成绩的组成部分并设置每个部分的具体计算方式，查看每个学生的实时成绩，并可根据每个学生的学习进展，通过站内信或邮件等对指定学生发送学习提醒等。

（5）线下学习活动管理。教师在开展线下教学活动时需要解决学生在线上遇到的问题，例如，需要对一些重难点内容进行强化提升，对不能及时完成学习任务的学生要给予提醒和激励，对表现较好的学生则需要进行表扬，激励其持续保持。因此，教师在开展面对面教学活动时，需要获得如下信息：

第一，学习任务节点的行进程度。了解每个任务点学生的完成情况，如哪些学生已经完成、哪些没有完成、哪些学生完成且质量高等。

第二，每次作业和考试的得分情况。了解哪些作业和测试题普遍掌握较好，哪些普遍掌握得不好。

第三，每个学生的学习情况如何。例如，能够查看每个学生的各章知识掌握情况。

第四，讨论区中学生关注的内容。例如，根据阅读量、回复量和点赞数，对讨论区的主题进行排序，可以搜索包含特定关键字的帖子等。

3. 管理员的需求

在混合式教学情境下，管理员角色除了具有教师角色的所有功能外，还应具有如下功能。

（1）用户管理。设置学生、教师、助教等角色的功能权限。

（2）首页管理。设置课程首页的显示内容。

（3）开课管理。审核新建的课程、复制课程。

（4）统计分析。平台中所有课程的统计及排名。例如，可按照学期、时段、学校、班级、课程等多种条件查询统计平台中的统计数据，包括注册人数、在线人数、课程数、上传资料浏览次数等。

（5）接口管理。与外接的各类软件系统的接口的管理。

（二）慕课平台的功能模块

1. 课程制作功能模块

课程制作模块为教师提供新建课程和设置课程各类资源的功能，为学习做好准备。

（1）新建课程。新建课程包括课程名称、所属学科、公开性、开放时间、持续时间、授课教师、课程简介以及课程学习模式等。课程学习模式可以分为自由学习和闯关模式等类型，在自由学习模式下，学生可以访问课程的任何资源；在闯关模式下，学生需要在完成前一个任务点的学习任务后，才能进入下一个任务点的资源。

（2）课程基本信息设置。课程发布之后，课程的各类信息通常仍然可以进行修改。根据需要，有的平台在课程审核通过后，开放时间等信息不允许进行修改。

（3）课程资源管理。

第一，章节设置。设置课程的知识结构，共包括多少章，每章包括多少节，以及章节的先后逻辑关系等。章节设置完成后，课程的具体资料均应对应到某一个章或某一节中。

第二，视频管理。快速上传视频的功能；编写视频的简要描述，设置播放视频到某时间点时弹出交互式问题，回答正确后继续播放；视频查找和删除，设置是否允许拖曳、快进等处理，以及设置视频的开放时间、观看方式（自由播放、闯关播放）。有的平台提供视频制作功能，通常利用用户的摄像头录制教师讲解的视音频、屏幕操作的视频，并可根据需要将屏幕录制的内容或教师形象作为视频、将教师语音作为音频，并可增加字幕，从而合成为教学视频，直接存储在平台中。

第三，题库管理。支持多种类型的试题编辑，如单选、多选、判断、问答等题型，可设置每道题的答案、试题对应的章节和知识点；测验中能够插入视频、音频、图片和文件等。可以根据相关格式，上传已经制作好的试题文件。

第四，作业以及评分标准管理。创建作业、作业简介，设置起止时间、作业成绩分值和提交次数等；设置作业的评分方式，包括教师评阅、学生自评或同学互评。互评可以选定参与互评的学生范围，如特定的班级内开展同伴互评，可设置固定或动态的互评任务；能制作或上传作业的评分标准文件；能够查看学生是否完成了互评任务，以显著方式突出显示未完成互评任务的学生。作业可以直接录入，如各类客观题、主观题、实践操作题等；也可以从题库中选择作业。

第五，非视频学习资料管理。其他非视频的学习资料，内容可以是除视频之外的学习资料，如教学课件、技术发展动态、实验指导书、案例分析等，形式上可以是图片、演示文稿、字处理文件、动画、网址链接等多种形式。另外，也支持这些文件的上传、下载和删除等操作。

第六，测验管理。提供试题模板；可以手动或自动组卷；可以从题库中选择也可以新建试题；可以设定测试的开始时间、截止时间、允许测试的时长、考试试题分值、考试试题批改方式、成绩公布方式、公布时间、允许考试的次数以及计分方式（按最高分或平均分或最后一次的成绩）等。根据需要，测试可以是视频中或结束后的即时测验，也可以是各章学习完成后的章节测验，以及期中和期末测验等；能够设置每次测验占课程成绩的比例；提供防止作弊功能，如可设置随机组卷（试卷中试题的顺序随机）、随机选项（同一道题的顺序随机），测验过程中要求输入个人私密信息以确认为本人等。

（4）关卡设置。若课程采取闯关式，则需要设置哪些课程资源为必学以及是否有分数的限制等。例如，对于没有看完视频的学生，教师可以根据需要设置是否给予提醒或要求必须看完视频，才能进行课程测验，或者设置一定条件（如课程测验得分大于60），满足后才允许不看视频就做作业和练习。

（5）公告与通知管理。设置公共的通知信息，也可设置针对特定学生的通知信息，通知方式包括在平台内提醒和邮件通知等方式。

（6）讨论管理。设置子讨论区，添加讨论主题，回复帖子、点赞帖子、置顶帖子等。能够建立分章节或分板块的子讨论区，讨论区可以设置为实名或匿名方式。

（7）学生管理。可以查看选课学生的信息，如根据关键字排序或搜索；可以按某种依据将部分学生归为一个组或一个班等。

2. 线上与线下融合学习功能模块

（1）选课模块。

第一，学生角色：报名选修课程、查找课程、课程进度提醒等。例如，在课程平台中输入关键字，即可搜索与关键字匹配的课程列表，选择某一门课程后，可以查看课程的基本信息、开始时间、选课人数和课程进展等信息。

第二，教师角色：查看选课情况、设置课程的助教等。例如，可以查看选课学生的信息，根据职业、国籍、地区、年龄等特征筛选一门课程中选课学生的信息。SPOC功能需要增加批量导入学生信息等功能，并能按照学校、院系、专业、班级查看学生信息，以及设置学生分组信息等。

（2）个人中心。

第一，学生角色：可对个人密码、密保问题和头像等进行设置；可显示平台中的总体学习统计数据，如选修课程数、获得证书数、访问次数等；可查看已选修的课程列表及课程进度等。

第二，教师角色：可对个人密码、密保问题和头像等进行设置；可设置个人简介；可显示平台中的总体开课统计数据，如开课课程数、发放证书数、访问次数等；可显示已开设的课程列表及课程进度等。

（3）学习提醒。根据系统默认或教师设置的提醒事项，在教师和学生登录后的课程主页自动提醒，包括课程开课进度提醒、学习任务提醒、课程资料更新提醒等。

第一，学生角色。学生登录平台后，在课程主页的公告提醒区显示提醒事项，督促学生及时完成相关学习任务。重要任务还可通过邮件提醒。

第二，教师角色。设置本课程的自动推送内容和推送对象（全体对象、指定的某个班级或某些学生），可查看提醒的阅读情况。

（4）观看视频。

第一，学生角色：播放视频、设置播放速度、全屏观看、视频断点续播或上次播放记录提醒。观看视频时针对视频进行讨论、记笔记，并能够及时发表纠错信息或建议。

第二，教师角色：具有学生的各项功能，并能查看每个视频的访问信息统计（次数、时长）和纠错信息等。

（5）学习非视频资料。

第一，学生角色：阅读 PDF、Word、PPT 等非视频格式学习资料。观看时能够方便地发表纠错信息或建议。

第二，教师角色：查看资料阅读的统计信息以及纠错反馈信息等；调整学习资料的属性，如开放的起止时间、是否为闯关节点等。

（6）学习笔记。

第一，学生角色：在线记笔记功能，在学习每个视频或非视频资料的过程中做笔记，笔记按章节汇总，可对笔记情况进行分享和导出等。

第二，教师角色：查看学生笔记情况，进行点赞或评论。

（7）提交并互评作业。

第一，学生角色：查看测试的属性，如起止时间、占成绩的比重等。提交作业后，能看到作业的正确答案说明，以及作业的评分和评语；可以查看本次作业的示范作业。如果作业设为互评作业，则将收到互评任务，可对需要互评的作业进行评分和评语。如果设置为动态互评方式，学生将再次收到其他互评任务。如果逾期未交，且教师设置“补交”后，学生仍可提交作业。

第二，教师角色：可以修改作业的属性。查看作业的提交和批改情况，进行催交（向未交学生发送定向提醒），对作业进行评分，提醒没有互评的学生尽快互评，将优秀作业设置为公开的示范作业等。教师可以选择未交学生进行“补交”设置。对于补交的作业，教师通常不予评为优秀级别。

（8）参加测试。

第一，学生角色：查看测试的属性，如起止时间、可尝试次数、占成绩的比重等。测验开始后进行计时，测验结束后答题情况反馈，包括每道题的对错情况、得分情况以及成绩查看功能，测验后立即显示测验成绩。如果设置为定时公布成绩，则需要等到定时时刻才能公布，系统公布成绩时应能自动提醒。

第二，教师角色：可设置测试的属性；有每道题的答对与答错统计，例如，本次测试按答错率倒序排列，统计出哪些知识点答错率高等。通过图表等方式直观表现统计数据。

（9）参加讨论。

第一，学生角色：可以查看讨论区的统计信息，如发帖数、回帖数、点赞数等；选择子讨论区进行讨论，包括发帖、回复、点赞和查询等。当输入标题时将自动显示已发表的相近帖子，提醒用户可以直接查看该帖子而无须再发新帖。发帖被回复时在课程首页能得到提醒。

第二，教师角色：具有学生的所有功能；还可对学生在讨论区的表现进行评分，可以删除帖子、设置置顶等。

（10）线下活动支持。线下活动模块支持教师设计和开展线下教学活动，方便学生在线下与教师进行及时互动。

第一，学生角色：考勤签到，查看自己在线下活动中的得分及排名等，能够通过学习管理平台及时提问和及时反馈自己的感受。

第二，教师角色：一是按需、便捷地获取学生学习情况数据，包括本次课程总体学习情况、指定学习任务节点的学习情况。学习情况包括进度等“量”的数据和得分等“质”的数据。二是考勤。支持课堂上通过自动、手动方式记录学生出勤情况，可以修改出勤数据。三是记录学生的课堂表现。这包括学生的学习状态（如积极、中等、消极），回答问题的次数和正确数，小组活动的参与情况及得分等。四是收集和查看学生对课堂教学的效果反馈等。可以设置学生反馈问题的表单、设置表单的选项、查看学生的反馈及统计等，方便学生提问和反馈对课堂教学的感受及评价。五是随堂测试。设置在课堂内某个时间段内完成的测试，可设置测试题为出错多的题目。测试提交后，师生能掌握每道试题的具体数据。六是作品（作业）展示。设置学生作业为公开状态，并在课堂中展示学生作业，学生可对作业进行投票打分等。

3. 学习评价功能模块

（1）成绩管理。

第一，教师角色：查看和设置课程学习的评价规则。能够查看课程班级中所有学生的成绩排名及具体数据，包括定制学生成绩构成的比例，可以将学生观看视频、作业、测验以及参与讨论等学习活动分别设置一定的成绩比例计入课程总成绩；每种学习活动均可设置评分细则；成绩可以导出成 Excel 等格式；可以根据不同的班级类型，设置不同的成绩组成部分和比例。

第二，学生角色：学生能看到学习评价规则、课程总成绩及成绩各组成部分的具体得分情况；能看到本人在课程班级中的位置和变化情况，以及每一个计分部分的具体得分情况。

（2）证书管理。

第一，学生角色：学生能看到自己是否通过了某课程，可以申请证书或者因符合获取证书的条件自动获得证书；能查看在学习管理平台中获得的所有证书。

第二，教师角色：设置获得证书的条件和证书的样式；查看获得证书的学生信息。

4. 数据分析及预警功能模块

慕课学习者在学习过程中也会遇到很多线下教学中没有遇到过的问题和困难，有时无法按时完成学习任务，或无法通过课程测试，也有相当一部分学生的学习成效需要提升。因此，分析学习过程和结果的数据，改进课程的教学设计，较为准确地“锁定”需要关注的学生并给予早期预警和针对性的指导等是十分必要的。

数据分析需要收集并分析课程的各类数据，为师生提供可视化的学习情况分析报告。通常以数字和图形图表等方式显示。其中，折线图、饼图、仪表盘和雷达图等是比较常用的图形图表，可以直观呈现学习的相关数据。

从数据的处理方式来看，学习分析报告的内容包括两个层次。第一个层次是基本的统计数据，即学习总体情况及各类学习活动情况，如学习任务的总体完成情况、视频观看情况、作业情况、测验情况、讨论情况等，通常呈现百分比、具体数值或排名等。第二个层次是学习分析报告的更高层次，其内容是对数据采用机器学习等方式进行分类、聚类和预测等。

从数据的服务对象来看，学习分析的数据可从以下三个视角提供数据服务。

（1）学生视角：学生用户能够分析自己的学习特点与学习方式，预测线上学习成绩，并得到早期或中期预警；向学生个性化地推荐学习路径和学习资源。

（2）教师视角：教师用户能够查看本课程学生的行为画像，即分析不同类型学生的学习行为特征，从而发现优秀学生和需要特别帮助的学生，有助于推广优秀学生的学习方法，针对性地帮助学习存在困难的学生；分析课程资源的使用情况和学习任务的完成情况，如哪些内容被反复观看、哪些测试通过率低、哪些试题错误率高、普遍掌握困难的内容具有哪些关系等，有助于了解课程资源的品质和定位需要改进的内容。

（3）教学管理者视角：教学管理者可以通过平台的管理员角色获得相关功能，如查看平台中所有课程的共同特征，课程的报名人数、访问次数、课程完成率等；查看平台中学习者的总体特征，如年龄特征、学习时间特征、测试尝试次数和任务完成时间等。

5. 基础管理相关的功能模块

（1）模板。为各类应用提供模板和示范，如提供评分标准的模板、课程简介的模板等。

（2）用户管理。可以注册新用户、批量导入学生用户等。

（3）角色与权限管理。将用户设置为教师、学生、教师助教、学生助教、管理员等不同类型的角色，并为每种角色设置相应的默认权限。

（4）文件管理。几乎每个模块中都涉及文件管理，包括文件的上传、存储、检索、删除和下载等。

（5）搜索。各功能模块中的搜索功能，包括在平台中搜索课程、帮助信息；在课程中搜索学习资源，如视频和非视频学习资源、作业、测试等。

（6）超文本编辑。各功能模块中的超文本编辑功能，包括文本编辑、样式设置、超链接设置，以及图像、音频、视频等文件管理功能。

（7）多语言切换。支持用不同语言展示学习管理平台界面中的文字，通常应支持中文和英文方式。

（8）日志管理。系统自动对重要操作进行记录，如用户的新增、删除等以及课程的创建与删除等。

（9）帮助。关于如何使用平台的说明，包括帮助文档、案例，提供搜索功能。

6. 对外接口功能模块

（1）移动端的功能支持。随着智能手机等移动智能设备的普及，大学生更倾向于使用手机来上网。因此，支持混合学习功能的学习管理平台也必须提供相应的移动端，如移动 App，为学生随时随地开展学习提供支持。移动 App 的功能应该与桌面端的学习管理平台功能基本相同，且数据保持同步。一些较为复杂的功能可以仅在桌面端实现。

（2）对外接口及系统集成。学习管理平台可以通过对外集成其他应用系统，实现功能的扩展和数据的交换。

第一，与学校内部统一身份认证平台，实现校内统一身份认证。

第二，集成邮件系统和第三方广泛使用的社交系统（如微信），实现注册、密码找回、信息提醒等功能。

第三，与教务系统等集成，实现成绩自动录入教务系统中。可以将学习管理平台中的成绩直接录入教务系统中，减轻教师的工作量。

第四，与招聘平台对接，根据市场的人才需求、学生的课程学习情况以及课程对应的专业领域，自动匹配出相关岗位，向用人单位进行推荐；也可根据课程学习情况向学生推荐适合的岗位，实现学生与就业岗位的双向匹配和推荐。

第五，对外集成社交网络系统，使得学习者可以将学习过程中的各类活动和心得等分享到其他社交网络系统，如微信、腾讯 QQ、人人网和微博等。

第六，对外集成防作弊系统，可对作业等进行重复性检测；可以在测试等活动的过程中拍摄用户面部以识别是否为本人等。

第七，对外集成教学游戏，使得学习活动的过程以游戏方式进行。完成作业等学习任务就相当于闯过游戏的一个关卡，将获得游戏中的积分等奖励，从而促进学生的学习积极性。

（3）性能的需求。性能方面需要有友好直观的用户界面，无须培训即可使用，同时导航清晰、帮助和模板等齐全；支持虚拟化、分布式和云存储式部署，在硬件保证的前提下支持高并发访问等；适应多终端，支持 PC 端和移动终端，并支持 Android 和 iOS 等不同操作系统的移动终端。

（4）较好的客户服务支持。良好的客户服务能让产品的满意度有所提升。用户服务包括软件的定制开发、基础数据的维护、用户使用过程中各类问题的及时解答和处理等。对于一款功能复杂但缺乏用户服务的产品与一款功能普通却提供良好服务的产品，用户可能会选择后者。

（三）慕课个性化管理平台

学习管理平台应能支持个性化学习，包括学习内容的个性化、学习顺序的个性化、学习时间的个性化、指导的个性化等。目前，学习管理平台通常能不同程度地支持学习时间的个性化和学习顺序的个性化。例如，学生通常能够在教师规定的时间内自己安排学习时间，可以在课程的章节内容中自主选择学习的内容及先后顺序。但对于实时、动态的个性化指导和学习内容推荐，需要根据学生的学习情况和特征，动态推荐下一个学习内容和针对性的指导意见，目前还没有成熟的慕课平台能够支持。

个性化学习平台要从课程知识点划分、学生特征收集、数据分析及资源推荐四个层面进行考虑，这四个层面的功能构成了个性化推荐的原型系统，通过接口实现与现有学习管理系统的对接，可以根据学生当前的学习状态，推荐下一个学习内容——知识单元，从而提供个性化的学习路径和学习资源。

1. 学习内容的分级与属性标注

为了保证课程知识单元划分合理，需要利用学习平台外的资源库对知识点进行验证，如通过搜索引擎等途径获得的规划教材目录、国家和国际上相关内容的标准、全国性或区域性统一考试的试题等内容。

每个知识单元都标注上相关属性，所有的视频、非视频资源，试题、作业等都需要进行标识，但标识的属性略有差异。例如，视频资源的属性包括“标题”“内容简介”“关键字”“先导知识单元”“后续知识单元”“重要级别”“难度级别”“相关知识”等。作业的属性还需要包括“答案”“评分标准”等。具体来讲，如某个视频标题为“计算机网络的分类”，内容简介为“按照地理范围、节点间关系、协议、带宽、拓扑结构等可分为多种类型”，关键字为“网络、分类”，难度级别为“低”，前导知识单元为“计算机网络的概念”，后续知识单元为“计算机网络的传输介质”。

2. 相关学习数据的收集整理

在规范的教学设计中，教学设计者需要在课程开始前获取学生的特征，从而有针对性地设计教学活动。在个性化学习中，我们更加需要根据学生的特征和学习结果推荐学习资源。因此，获得足够的学生特征和学习结果数据，并且进行整理是实现个性化学习的前提。

（1）学生特征的组成。学生特征通常包括以下三个部分。

第一，学生的初始能力。学生的初始能力可分为三个方面：预备技能——是否具备了新的学习所必须掌握的知识与技能，作为从事新学习的基础；目标技能——对新学习内容的目标技能的掌握情况，了解学习者是否已经掌握或部分掌握教学目标中规定的知识和技能，这有助于确定内容或建立教学起点，对已经掌握的内容，显然没有必要将其列入学习计划中；学习态度——对准备学习的内容的认识与态度，检查是否存在偏爱或误解。

第二，学生的一般特征。学生的一般特征是指学生心理发展的年龄特征，即心理在一定年龄阶段中具有的一般的、典型的、本质的特征。学生的身心、智力、思维、情感、意志等方面的发展都是具有年龄特征的。例如，高校生在智力发展上呈现出进一步成熟的特征，思维具有更高的抽象性和理论性，并由抽象逻辑思维逐渐向辩证逻辑思维发展；成人学习者一般学习目的明确、实践经验丰富、自学能力较强、注重教学效率，希望与教师共同承担教学责任。

第三，学习风格。学习风格是学生持续一贯的带有个性特征的学习方式，是学习策略和学习倾向的总和。学习策略是指学习方法，而学习倾向是指学习者的学习情绪、态度、动机、坚持性以及对学习环境、学习内容等方面的偏爱情况。学习风格的构成有生理、心理和社会三个层面的因素。学习风格有多种划分方式，如分为“场独立型”与“场依存型”。前者类型的学生具有较强的学习动机和学习主动性，更喜欢独立思考；后者类型的学生则具有较弱的学习动机，更喜欢通过交互的学习活动获得知识。又如，可以将学生的学习风格分为“冲动型”与“沉思型”。“冲动型”的学生倾向于快速给出答案，但通常错误率高；“沉思型”学生则需要经过深思熟虑再给出答案，但错误率相对较低。另外，还可以根据焦虑水平划分为“高焦虑型”和“低焦虑型”。所谓焦虑，心理学上是指“个体对某种预期会对他的自尊心构成潜在威胁的情境所产生的担忧反应或倾向”。根据不同的学习风格，需要相应的学习策略。例如，对于低焦虑水平的学生，适宜采用有较大压力的教学和测验，以促使他们的动机水平提高；对于高焦虑水平的学生，宜采用压力较小的教学和测验，以降低他们的动机唤醒水平，使之由高趋向中等。

（2）学生特征与学习结果收集。

第一，在学生注册平台时，可以通过学习平台的问卷功能等获取年龄、性别、学历、毕业学校、所学专业等信息。

第二，学生选修某一门课程后，在开始学习课程内容前，开展诊断性测验，内容包括即将学习的课程的有关内容、前导课程的有关内容、学习风格调查表单等，从而获得学生的初始能力和学习风格数据。

第三，学生在课程学习过程中会产生各类数据。学生在学习课程过程中需要登录平台、观看学习资源、完成作业、参加测试、参加讨论等，这些活动留下的数据可以分为以下两类。

首先，“行为类”数据，包括登录次数、在课程中停留的时间、观看学习资源的时间、参加测试的时间、各类学习任务的完成情况。行为类数据暗含学生的学习风格，例如，学习时间的习惯——学生通常在什么时间访问课程（如某学生通常在晚上 9 点以后学习）；学习顺序的习惯（如某学生通常先做测试再看视频）；学习的积极性和持久性——是否一直按时完成学习任务（如某学生从不参与讨论，且尽管允许多次测验，但仅尝试1次；某学生观看视频的次数都超过1次）等；学习的主动性——观看视频的长度、焦虑性的高低（成绩的变化数据以及发送提醒后的学习行为变化）等。

其次，“结果类”数据，包括各类有得分或等级的学习活动结果，如测试得分、作业得分、学习排名等。“学习排名”的依据有多种，如按照完成率排名或者按照课程综合成绩排名等。如果按照完成率排名，则“学习排名”属于行为类数据；如果按照课程综合成绩排名，则“学习排名”兼有“行为”和“结果”两种属性。

3. 学生数据的处理分析

根据收集的各类数据，可运用多种方法计算和分析学生的学习状态评分。分析方法包括统计分析、机器学习的方法以及教育心理学的定性分析方法等。学习状态评分包括学习特征的综合得分和学习成果的综合得分。学习特征的综合得分用于确定学习策略，学习成果的综合得分用于推荐下一个知识点。

学习特征的综合得分需要根据表单收集学生的一般特征和学习风格，以及学习过程中的学习习惯等，构建学习者特征库和学习策略库。可将学生特征划分为学生的特征集合，其中设置基于学生特征的不同维度，每个维度可以根据积极性、自我控制能力、焦虑程度、独立学习习惯等，将年龄、性别、专业、学历、职业等一般特征对应到相应的维度中并给予相应的评分或评级，根据评分给予不同的学习策略。以自我控制能力维度为例，年龄较大的或学历越高的学习者通常自我控制能力较强，可以根据年龄和学历折算为相应分值或等级。此外，可根据学习者在学习平台中的学习轨迹折算，如将学习任务完成率折算为积极性分值或等级。因此，学习者学习的过程数据将影响每个维度的学生特征，且特征会动态变化。根据每个维度的特征值，需要给予相应的学习策略。例如，对于自我控制能力分值低的学习者，给予更多的提醒、设置小组任务和多给予鼓励等。

学习成果的综合得分则需要对学生已经完成的测验和作业等量化的活动进行统计和分析。对于成绩高的学生，推荐更高难度的知识点，如果当前节点已经学习完，则推荐下一个节点的知识点。

第四节　混合式教学评价的督导模式创新

为建设高水平高等教育，全面提高人才培养质量，各高职院校不断完善教学质量保障体系，基本形成了完整的质量保障闭环机制。其中，以督学为主的教学督导是教学质量保障的重要手段，旨在通过督导专家对教学工作的检查、监督、评价和指导，进一步规范教学活动，促进教学改革，提升本科教学质量。

随着社会的进步、科技的发展，在积极应对各项挑战的同时，一些高职院校主动从教育教学改革、专业人才培养以及课程建设与教学等不同层面谋划布局、化危为机，重塑教育教学形态，积极打造“线上+线下”协同发力、融合互补的混合式教学模式，形成高等教育线上线下一体化服务体系，切实提升人才培养质量。

信息技术与教育教学的深度融合以及混合式教学模式的应用，给教学带来了更多的创新与突破，也更加符合信息时代人才培养的需求。与此同时，如何保障线上线下教学质量实质等效，不断提升教学质量是高职院校面对的又一重要课题。教学督导作为教学质量保障的重要抓手，需要与时俱进，不断探索和创新督导工作模式，适应教育信息化带来的变革与发展，确保教学督导的有效性和实用性。

一、创新评价机制，构建一体化督导评价体系

面对“线上+线下”混合式教学的质量评价，高职院校既要参考传统线下教学的质量评价指标，也应考虑线上教学的特点，按照立德树人、“三全育人”相关要求，结合审核评估及专业认证标准，从课程类型、教学模式等维度出发，重新设计横向与纵向相结合的评价体系。

作为治理主体，各校应致力于促进教学管理、质量保障、实施和评价的现代化，推进现代信息技术与教育教学深度融合，并以此为契机，着力打造功能完备、“教学督”一体的网络平台，促进督导工作信息化和智能化升级，形成“教学督”合一的服务模式。一体化督导评价体系的构建需要关注以下内容。

第一，满足基础教学功能需求，包含直播、录播教学及回放，课程建设，教学资源上传和获取，师生实时互动，辅导答疑及考核等。

第二，支持教学质量评价与反馈。面对信息时代的混合式教学模式，支持线上与线下同步评价的质量保障系统不可或缺。一方面，完善评价功能，支持不同评价指标体系和指标权重的设置，支持多种课程类型和多样教学模式的课堂评价，支持来自多元评价主体的评价结果获取和呈现；另一方面，建立反馈机制，既要支持教师对评价结果的获取，也要实现督导对评价结果反馈情况的跟踪，建立师生与督导的沟通渠道，有效关注教师教学能力的持续改进和学生学习收获的有效提升。

第三，实现大数据联动和交叉分析。目前，多种线上教学工具与平台已能完整记录教师授课、学生学习、师生互动的过程，并对教学关键行为进行捕捉和分析，但相关教学数据对教学评价支撑度不足。高职院校应扩充信息化技术，建立以网络平台海量教学相关数据和教学质量评价结果等为主要内容的大数据资源库，并对数据进行统

计分析和深度挖掘，归纳隐藏在数据背后的教育教学规律，从中提取解决现有教学过程问题的方法，从而为教学管理和领导决策提供服务。

第四，管理模块保证延展性。平台不仅要保证教师、学生等教学参与者的快捷进入，也应设置管理和督导评价入口，简化线上督导流程，为教学评价提供保障。

二、优化督导管理，完善专业科学的督导队伍

科学全面的管理制度是做好工作的前提，专业强劲的队伍是做好工作的关键。为做好“线上+线下”的混合式教学督导工作，促进对教学督导的科学评价，保障教学质量，必须健全教学督导管理制度，努力打造一支有责任、有担当、有能力的督导队伍。

第一，建立健全督导管理规章制度，着力保证督导工作管理规范化。为了适应教育信息化的发展，充分发挥“督”与“导”的作用，高职院校须明确教学督导功能的定位，细化督导工作职责、工作范围、评价标准和督导频次，建立督导反馈闭环机制，确保督导结果运用于教学质量的持续改进过程。

第二，优化督导队伍结构，着力培育高素质督导队伍。督导队伍作为教学督导运行主体，直接影响着督导的有效性。因此，教学督导队伍建设必须适应高等教育教学发展的新模式、新思维、新要求。首先，加强督导队伍多元化建设。从道德品质、学科类别、教学经验、任教时间、管理水平等多重因素出发，优化督导队伍结构，提高教学督导队伍整体水平，确保督导工作的高效能。其次，加强督导队伍专业素质建设。建立督导学习提升机制，实现督导学习研讨、交流培训常态化。一方面，加强新时代教学模式及教学方法培训，更新督导理念，提高督导水平，保障教学督导评价的科学性和公平性；另一方面，加强现代科学技术运用培训，如网络系统操作与应用、数据分析等，切实提高督导工作效率。

总而言之，教学督导作为教学质量的重要抓手，应该主动优化升级，适应变革，引领教学质量保障潮流，保证教学质量的稳步提升。

参考文献

[1] M. P. 德里斯科尔. 学习心理学：面向教学的取向［M］. 王小明，译. 3 版. 上海：华东师范大学出版社，2007.

[2] 杨明全. 课程论［M］. 北京：中国人民大学，2016.

[3] 钟启泉. 课程论［M］. 北京：教育科学出版社，2007.

[4] 李允. 课程与教学论［M］. 北京：北京大学出版社，2015.

[5] 周兴国，段兆兵. 课程与教学论［M］. 合肥：中国科学技术大学出版社，2012.

[6] 丁兴富. 远程教育学［M］. 北京：北京师范大学出版社，2010.

[7] 赵建华. 混合学习应用的理论与方法［M］. 北京：中央广播电视大学出版社，2015.

[8] 李艳红，赵波，甘健侯. 基于知识地图的 MOOC 课程开发［J］. 现代教育技术，2015，25（5）：85－90.

[9] 王雪，王志军，韩美琪. 技术环境下学习科学与教学设计的新发展——访多媒体学习研究创始人 Richard Mayer 教授［J］. 中国电化教育，2019（10）：8－13，31.

[10] 刘冰，闫智勇，吴全全. 职业教育课程开发模式的源流与趋势［J］. 中国职业技术教育，2018（33）：5－11.

[11] 莉兹·阿尼. 混合式教学：技术工具辅助教学实操手册［M］. 孙明玉，刘夏青，刘白玉，译. 北京：中国青年出版社，2017.

[12] 乔纳森·伯格曼，亚伦·萨姆斯. 翻转课堂与混合式教学［M］. 韩成财，译. 北京：中国青年出版社，2018.